Garten-
Kolonie
Sportpl.
Sport-
park
Bad
Elster
R
o
s
e
n
Rosental-
Hügel
Pleiße
Wehr
Unteres Elsterwehr
Nahleweh
Gart.
Kol.
Bär-
Anlage
Marienweg
Pulver-
Hsr.
Die Gottge
Neuer
Schützenhof
Hindenburg
Br.
Allee
Elsterbecken
Sport-
u. Turn-
Platz
Poseidon-
Bad
Israelit.
Krankenhs.
Rob.
Koch
Pl.
Leutzscher
Prießnitz-
Bad
Kleine
Luppe
Cottaweg
Bad
Leutzscher Weg
Meß
Platz
Spiel-
Pl.
Garten-
Kol.
Lindenau
Turnh.
Wasser-Str.
Garten-Kol.
Sport-
Park
42.Volks-
Sch.
Turnh.
Radrennbahn
Wett-
Spiel-
feld
Sport
Platz
Zeppelin-
Br.
Frankfurter
Turnhalle
40.Volks-
Sch.
Wettiner
Sedan
Rich. Wagner-
Dkm.
Natlum.
Straße
Otto
Uhland
Leutzscher
Str.
Albertiner
Kottel
Friesen
2,5 km

# Leutzsch

## Ein Leipziger Ortsteil auf alten Ansichtskarten

HERAUSGEGEBEN VOM PRO LEIPZIG E.V.

Blick vom Wasserturm auf Rathaus und Kirche, in der Bildmitte die Rückmarsdorfer Straße, gelaufen 1907, Verlag Reinhold Knobbe, Leipzig.

Wilfried Grylla, Thomas Nabert

# Leutzsch

## Ein Leipziger Ortsteil auf alten Ansichtskarten

*PRO* LEIPZIG 2024

## Verwendete Literatur


Bau- und Kunstdenkmäler von Sachsen. Die Stadt Leipzig. Die Sakralbauten (Laurentiuskirche S. 1195 ff.), München 1995

Böhme, Heinz-Jürgen und Clemens, Günter: Bilderbogen. Leipziger Ansichtskartenserien von 1895 bis 1945, Leipzig (Pro Leipzig) 2010

Cottin, Markus: Stadt-Land-Beziehungen; Die Dörfer im Leipziger Umland. Grundzüge ihrer Entwicklung im Mittelalter; Historisches Ortsverzeichnis für Leipzig (bis 1539), in: Geschichte der Stadt Leipzig Bd. 1, Von den Anfängen bis zur Reformation, S. 686 ff., Leipzig 2015

Gaitzsch, Frank: Die Postaufgabestempel der ehemaligen Leipziger Vororte. Eine historische Studie, Leipzig (Pro Leipzig) 2007

Groschopp, Egon: Das Leutzscher Rathaus. Geschichte seiner Erbauung, Hrsg. Bürgerverein Leutzsch, 1997

Grylla, Wilfried und Nabert, Thomas: Lindenau. Ein Leipziger Stadtteil auf alten Ansichtskarten, Leipzig (Pro Leipzig) 2022

Kirst, Monika: Leutzsch. erlebt, erkundet, zugehört, Bd. 1, Leipzig 2016, Bd. 2, Leipzig 2017

Klank, Gina und Griebsch, Gernot: Lexikon Leipziger Straßennamen, Hrsg. Stadtarchiv Leipzig, Leipzig 1995

Leipzig. Eine landeskundliche Bestandsaufnahme im Raum Leipzig (Leutzsch S. 389 ff.), Köln, Weimar, Wien 2015

Leutzsch. Eine historische und städtebauliche Studie, Leipzig (Pro Leipzig) 2009

Leutzsch. Sportpark. Über 100 Jahre Erfahren, Erleben und Erschaffen im und um den Alfred-Kunze-Sportpark, Hrsg. Mennicke, Alexander, BSG Chemie Leipzig, 2 Bde. Leipzig 2023

Liebmann, Michael: Wasser, Wald und Menschen. Zur Geschichte der Leipziger Elster-Luppe-Aue, Leipzig (Pro Leipzig) 2023

Liste der Kulturdenkmale in Leutzsch, Stand 2017, in: wikipedia.org/wiki/Liste_der_Kulturdenkmale_in_Leutzsch_(A–K, L–Z)

Müller, Horst: Zur Geschichte des Dorfes Leutzsch bei Leipzig, Brandenburg/Havel 2013

Ortsteilkatalog 2018, Stand Januar 2018, Hrsg.: Stadt Leipzig, Amt für Statistik und Wahlen, Leipzig 2018

Seydel, Martin: Leutzsch. Natur und Geschichte unseres Ortes, Festansprache, Leutzsch 1904

Siegemund, Horst: Blicke auf Leutzsch, Hrsg. Bürgerverein Leutzsch, Leipzig 2022

„Eine Wohnung für alle". Geschichte des kommunalen Wohnungsbaus in Leipzig 1900–2000, Leipzig (Pro Leipzig) 2000


## Verzeichnis der Leihgeber und Bildquellen

**Archiv Pro Leipzig:** Karte Vorsatz, 9o., 10 o. (Foto: Gerda Derpa; 11, 12u., 14l., 24u., 59u., 99u., 103M.u.u., 113u., 123, 149, 155o.;
**Markus Burghardt:** Karte Nachsatz;
**Deutsche Nationalbibliothek:** 9, 10u., 13, 45u.l.;
**Geographische Zentralbibliothek Leipzig:** Bezug (1 x), 45u.r., 50o., 118u.;
**Dr. Thomas Nabert:** 6, 7 (Originale: Max Loose, Stadt Leipzig);
**Sammlung Frank Gaitzsch:** 94u., 96o.l., 104M.;
**Sammlung Wilfried Grylla:** Bezug (4 x), 17, 18, 21u., 23o, 26, 28u., 31u., 33o., 34, 35o., 36o., 37o., 38, 42, 43, 46, 48, 49, 52u., 53o., 55o., 57o.u.M.; 61, 62, 63u., 64, 66o., 67o., 68, 69o., 70, 73o., 74o., 75, 77o., 78o., 79, 80, 81, 82, 83, 85o., 87r., 88o., 91, 92, 93u., 95o., 96o.r., 97, 99o., 100, 101, 102o., 103o., 104o., 105, 108u., 109u., 110, 112u., 116o., 117u., 119u., 120, 121o., 122, 125o., 126, 127, 128u., 129o., 131u., 132u., 133, 134u., 135u., 136, 137, 139, 140u., 141, 142u., 144, 145, 148, 150, 151, 152, 153u.;
**Sammlung Bernd Rederer:** 2, 33u., 37u., 57u., 65, 72u., 78u., 95u., 104o., 117o., 143o., 147o., 157;
**Sammlung Wieland Paul:** 14 r., 53u., 58o., 66M u.u.; 67u., 74u., 96u., 98, 102u., 108o., 118o., 125u.;
**Sammlung Frank Sallowsky:** 16, 19, 20, 21o., 22, 23u., 24o., 25u., 27, 28o., 29u., 30, 32, 39, 40, 41, 44, 45o., 47, 50u., 51, 56, 59o., 60, 71u., 73u., 84, 85u., 86, 87l., 88u., 89, 90, 93o., 96M., 104u., 109o., 111, 112o., 113o., 114, 115, 116u., 119o., 131o., 134o., 138o., 143u., 146, 154, 155u.;
**Sammlung Christa Sauer:** 54;
**Sammlung Jürgen Winter:** 25o., 29o., 31o., 35u., 52o., 55u., 58u., 63o., 69u., 71o., 72o., 76, 77u., 107u., 121u., 124, 128o., 129u., 130, 132o., 140o., 142o., 147u.;
**Stadtgeschichtliches Museum Leipzig:** Bezug (1 x), 8, 12o., 36u., 94o., 106, 107o., 135o., 138u.;
**Archiv Liane & Klaus-Bernd Wunderlich:** 153o.;


Allen Leihgebern gilt unser herzlicher Dank für ihre uneigennützige Unterstützung.
Weiterhin danken wir Christian Schulze, Andreas Böttcher, Bernd Ziegenbalg und Haiko Reim (beide Stadt Leipzig) für Ihre Bemühungen um die Genehmigung von Fotoarbeiten im Leutzscher Rathaus.
Frank Sallowsky danken wir für viele inhaltliche Hinweise und für seine Bemühungen bei der Findung von Unterstützern.
Markus Cottin und Dr. Horst Siegemund gaben wichtige Hinweise, wovür wir auch ihnen herzlich danken.
Ein besonderer Dank gilt Hartmut Ruch vom Steuerbüro Ruch, Karl-Heine-Straße 25, für seine großzügige Spende.


## Impressum


Wilfried Grylla, Thomas Nabert:
Leutzsch. Ein Leipziger Ortsteil auf alten Ansichtskarten
hrsg. vom Pro Leipzig e. V.
Pro Leipzig e.V., Bernhard-Göring-Straße 152, 04277 Leipzig



Redaktion, Satz, Gestaltung, Texte: Dr. Thomas Nabert
Scans und Bildbearbeitung: Dr. Thomas Nabert
Korrektur: Dorothea Friedemann
ISBN 978-3-949586-11-8

# Inhalt

# Leutzsch im Wandel

Thomas Nabert

Leutzsch bietet vielfältigste Stadtlandschaften: Reste dörflicher Bebauung um die alte Kirche, die Wallanlage eines mittelalterlichen Herrensitzes, imposante gründerzeitliche Wohnbauten und Fabrikanlagen, herrschaftliche Villen, Kleingärten, viel Auwald, moderne Wohnanlagen der Zwischenkriegszeit, Neues nach 1990, einen traditionsreichen Sportpark und etliches mehr. In Zahlen ausgedrückt besteht Leutzsch (Januar 2018) aus 146 ha Wald, 68 ha Erholungsflächen (u. a. Kleingärten), 26 ha landwirtschaftlicher Nutzfläche, 6 ha Wasser und 192 ha Siedlungs- und Verkehrsflächen, worunter auch die gut durchgrünten Villengebiete fallen. Ende 2022 hatte Leutzsch 10 822 Bewohner. Die Einwohnerzahl nimmt seit Mitte der 1990er Jahre (1996: 8 444) langsam aber stetig zu, ist jedoch noch entfernt von den Zahlen der 1920er/1930er Jahre (1925: 13 374).

hieß. Weiter führt die Flurgrenze am Lindenauer Friedhof vorbei zur Merseburger und zur Rückmarsdorfer Straße. Die Gemarkungen Rückmarsdorf und Böhlitz-Ehrenberg liegen jenseits des Gleisbogens, der gänzlich zu Leutzsch zählt. Vor der Pettenkoferstraße verläuft die Grenze nach Norden zur Alten Luppe. Sowohl Sportpark als auch Wasserwerk sind noch Leutzsch.

Einige Besonderheiten der Geschichte prägen das Ortsbild. Zuerst ist die Randlage des Dorfes an der Elster-Luppe-Aue zu nennen. Der Auwald und jährliche Hochwasser setzten Richtung Osten, Norden und Nordwesten Grenzen für Ortserweiterungen und Straßenbauten. Dies und die relativ große Entfernung zur Leipziger Altstadt ließen Verstädterung und Industrialisierung spät zur Entfaltung kommen. Erst als die räumlichen Möglichkeiten in Plagwitz und Lindenau weitgehend erschöpft

**Blick zum Dorfplatz von der Georg-Schwarz-Straße aus, rechts die Kinderbewahranstalt (heute dort Rathaus), Ölgemälde von Max Loose, 1900.**

Die Grenzen der Leutzscher Flur lassen sich nicht mehr einfach finden, was vor allem an den Regulierungen der Flussläufe Alte Luppe (Luppe), Kleine Luppe und Nahle in der Elster-Luppe-Aue liegt. Im Norden begrenzt die Flur die Alte Luppe, im Osten die Nahle und der ursprüngliche Verlauf der Kleinen Luppe. Nördlich der Hans-Driesch-Straße zählt auch das Verschlossene Holz um den Schützenhof bis zum Elsterbecken zu Leutzsch. Im Süden liegen die Friesengärten bereits in Lindenau. Von der Anlage führt die Flurgrenze entlang der Rietschelstraße zur Prießnitzstraße, die zu Leutzsch gehört und früher Grenzstraße

**Seite 6 oben: Kirche und Dorfplatz vom Eingang des Sattelhofes aus gesehen, Ölgemälde von Max Loose, 1900**
**Seite 6 unten: „Weißes Haus" und Sattelhof vom Dorfplatz bzw. der Kirche aus gesehen, Ölgemälde von Max Loose, 1900**

waren, folgte der Bau von Mietshäusern und Fabriken auch in Leutzsch. Diese „Verspätung" hatte zur Folge, dass Leutzsch die typischen Kinderkrankheiten der Industrialisierung gar nicht erst erleben musste. Es kam nicht zu einer derart engen Verzahnung zwischen Arbeiten und Wohnen wie in Plagwitz und der gründerzeitliche Wohnungsbau (ca. 38 Prozent des heutigen Wohnungsbestandes in Leutzsch) hatte eine hohe Qualität.

Der Gleisbogen, der Leutzsch im Westen und Norden umschließt (1856 und 1873 entstanden), schuf eine Barriere zu den Orten Rückmarsdorf und Barneck (Böhlitz-Ehrenberg) – bot aber auch Potenziale. Letztere konnten jedoch erst nach 1890 ausgeschöpft werden.

Etwa 30 Prozent des heutigen Wohnungsbestandes in Leutzsch entstanden in der Zwischenkriegszeit, genauer zwischen 1925

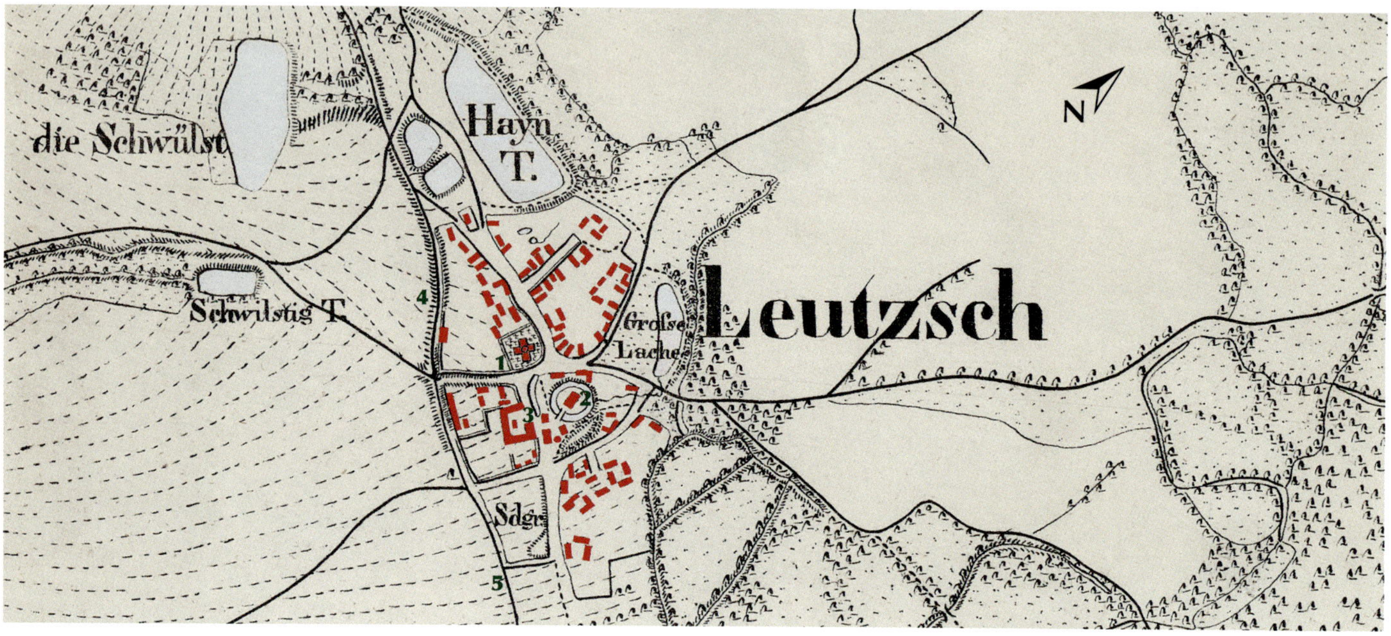


**Leutzsch in der Felden´schen Karte von 1828, 1 Kirche mit Friedhof, 2 „Weißes Haus“, 3 Sattelhof, 4 Weg nach Barneck, 5 Weg nach Lindenau.**

und 1939. Vor allem die Quartiere des kommunalen Wohnungsbaus an der Heimteichstraße, Gaußstraße, Hellerstraße und Pfingstweide zeichneten sich schon damals durch ihre moderne Wohnqualität und begrünte Innenhöfe aus.

Leutzsch blieb im Zweiten Weltkrieg weitestgehend von Luftangriffen verschont. Der Plan auf Seite 149 zeigt punktuelle Bombenschäden im Bereich der heutigen Hans-Driesch-Straße/ Rathenaustraße und im Villenviertel (Zum Harfenacker). So blieben das Ortsbild erhalten und der Wiederaufbau bzw. der DDR-Wohnungsbau auf wenige Einzelstandorte beschränkt. Noch nicht einmal 10 Prozent des heutigen Wohnungsbestandes in Leutzsch haben in der DDR-Zeit ihren Ursprung. In Lücken und anstelle abgerissener Gebäude entstanden wiederum nach 1991 fast 260 neue Wohnhäuser mit ca. 22 Prozent des heutigen Wohnungsbestandes.

Das vorliegende Buch widmet sich Ansichtskarten als Quelle der Ortsgeschichte. Fast 330 verschiedene Motive zu Leutzsch konnten bei Sammlern und in öffentlichen Archiven gesichtet und erfasst werden, mehr als 250 davon erscheinen im Buch – neben ca. 50 weiteren Abbildungen und Plänen. Ansichtskarten wurden hauptsächlich ab Ende der 1890er- bis Anfang der 1940er- Jahre verlegt. Die Entwicklung vom Dorf zum Stadtteil verlief daher zeitgleich mit dem Erscheinen der meisten Karten. Ohne die Dichte an diesen Bildinformationen wäre eine Vorstellung von der Verstädterung von Leutzsch heute kaum noch möglich. Die Entwicklung vor 1890 lässt sich dagegen nur anhand weniger Karten, Zeichnungen, Gemälde – u. a. vom Landschaftsmaler Max Loose (1869– 1934, S. 6/7) – und Fotografien – u. a. vom Volkskundler Paul Kröber (1881–1970) rekonstruieren. Beide waren im Übrigen Leutzscher.

**Leutzsch von Süden, um 1850. Der Sattelhof verdeckt die Kirche, rechts im Hintergrund das Wohnhaus der Seilerei (William-Zipperer-Straße 120c).**

Die mittelalterliche und neuzeitliche Geschichte von Leutzsch kann hier nur in groben Zügen angedeutet werden. Der Name Leutzsch geht auf einen altsorbischen Wortstamm zurück und bezeichnet einen Wiesen- oder Sumpfort. Am Tanzplan entstand wohl im Zuge der altsorbischen Landnahme im 8. Jahrhundert ein Rundweiler. Im 11. Jahrhundert siedelten sich deutsche Bauern in einem gassendorfartigen Anbau an (spätere Kirchstraße, heute Abschnitt der William-Zipperer-Straße). Dort befand sich eine Marienkapelle, die 1397 zur Pfarrkirche erhoben und dem Heiligen Laurentius geweiht wurde. 1285 wird „Luszh" erstmals in einer Urkunde erwähnt als Markgraf Friedrich Tuta von Landsberg die Gerichtsbarkeit von 29 Dörfern, darunter Leutzsch, an den Merseburger Bischof verkaufte.

**Kirche und Dorfplatz, um 1850.**

Das Bistum war fortan Grundherr fast des gesamten westlich von Leipzig gelegenen Gebietes. Zehn Jahre darauf belehnte der Bischof einen Heinricus de Luitz (Leutzsch) mit einem Sattelhof in Leutzsch. Die Familie der Herren von Leutzsch bildete einen Zweig der Familie der Herren von Lindenau. 1497 belehnte der Bischof die Leipziger Bürger Merten Bauer, Andres Hornung und Nickel Wolf u. a. mit Dorf und Sattelhof Leutzsch, 1515 erhielt die Familie Wiedemann diesen Besitz und schließlich 1539 der Leipziger Rat. Letzterer hatte schon Lindenau erworben und erweiterte nun seinen Einflussbereich auf die westlich davon gelegenen Dörfer Leutzsch, Schönau und Barneck. Die Sicherung der Versorgung der Stadtbevölkerung und der Schutz der Handelsstraße von Merseburg außerhalb des Weichbildes waren dafür ausschlaggebend.

Mitte des 16. Jahrhunderts hatte Leutzsch neben dem Sattelhof ca. 20 Bauernstellen, woran sich bis Mitte des 19. Jahrhunderts wenig änderte. Im Dorf lebten 1804 270 Einwohner, bis 1849 stieg die Zahl auf 553 und bis 1871 auf 999.

Die Bauerngüter lagen Am Tanzplan (zuvor Kurze Straße und Dorfstraße), an der Kirchstraße (heute Teil der William-Zipperer-Straße), Am Wasserschloss, an der Hans-Driesch-Straße und im vorderen, westlichen Teil der Rathenaustraße. Die Karte von 1828 (Seite 8) spiegelt die Struktur des Dorfes wider. Die Laurentiuskirche markiert seinen Mittelpunkt, umgeben vom Friedhof (ab 1853 Verlegung an die Rückmarsdorfer Straße). Mit der einstigen Dorfschule (William-Zipperer-Straße 138), dem alten Pfarrhaus (heute Kindergarten William-Zipperer-Straße 149) und einer alten Pfarrscheune umgeben die Kirche noch heute Gebäude aus der Zeit um und vor 1850. Vor der Kirche lag der Dorfplatz, dessen Mitte wiederum eine Linde und eine Stele markierten. Unmittelbar östlich des Dorfplatzes lagen der Sattelhof und das sogenannte Wasserschloss (Wall- und Grabenanlagen sind noch vorhanden). Beide waren Teil des mittelalterlichen Herrensitzes, wobei dem Sattelhof die Rolle des Wirtschaftshofes und dem Wasserschloss die des herrschaftlichen Wohnsitzes zukam. Nach Verfall des alten Wasserschlosses wurde um 1700 an seiner Stelle das „Weiße Haus" erbaut, ein wohl weiß gekalkter Fachwerkbau mit steilem Satteldach. Bald folgte die Trennung

**Dorfstraße (heute William-Zipperer-Str.), links die Kirche, um 1820.**

**„Weißes Haus", im Hintergrund der Sattelhof, 1903.**

**Der Sattelhof im Besitz des Fuhrwerkunternehmers Hermann Walter, Ölgemälde, um 1910.**

vom Wirtschaftsbetrieb des Sattelhofes. 1847 gehörten zum „Weißen Haus" nur noch ein Hektar Land und ein Schaf. Das Gebäude kam 1862 in den Besitz der Familie Grabau, die angrenzend ein Bauerngut besaß. 1973 wurde das unter Denkmalschutz stehende „Weiße Haus" leider abgerissen.

Der von dreieinhalb Seiten umbaute Sattelhof war mit Abstand das größte landwirtschaftliche Gut in Leutzsch. 1847 zählte es u.a. ca. 74 Hektar Land, sechs Pferde und 27 Rinder. Besitzer war damals Johann Gottfried Zetzsche, der von 1845 bis 1848 auch Gemeindevorstand war. 1856 kaufte Dr. Gottwerth Schmiedt den Hof für seinen Sohn Otto Schmiedt (1833–1896). Dieser gab die Landwirtschaft bald auf, verkaufte die landwirtschaftlichen Flächen als Bauland und ließ sich eine Villa in der heutigen Otto-Schmiedt-Straße errichten.

Der Sattelhof wurde schließlich 1910 abgerissen. Die Fläche ist bis heute unbebaut und wird mit dem Wasserschloss-Areal als Park und Spielplatz genutzt. Hinter dem Hof, unmittelbar an der heutigen Georg-Schwarz-Straße gelegen, stand ein langgestrecktes Gebäude, das offenbar als Gesindehaus diente. Ende des 19. Jahrhunderts zog dort die Kinderbewahranstalt des Dorfes, auch Kleine-Kinder-Schule genannt, ein. Sie nahm Kinder berufstätiger Eltern bis zur Schulpflicht tagsüber auf, wo sie auch zu „Reinlichkeit und Ordnung" erzogen werden sollten. 1902 erfolgte der Abriss des Gebäudes und an seiner Stelle entstand das Leutzscher Rathaus.

Die anderen Bauerngüter des Dorfes waren um 1847 deutlich kleiner als der Sattelhof: u.a. Gut Kietz (Am Wasserschloss 8, 27 ha, 2 Pferde, 14 Rinder), Gut Müller (Am Tanzplan 10, 22 ha, 4 Pferde, 7 Rinder), Gut Grabau (Hans-Driesch-Straße/Parkseite, 7 ha, 2 Pferde und 7 Rinder), Gut Koltzsch (Am Tanzplan, 6 ha, 1 Pferd, 6 Rinder), Gut Göserich (Am Tanzplan, 4,5 ha, 1 Pferd, 5 Rinder) und ein weiteres Gut Müller (nördlicher Abschluss Am Tanzplan, 3,3 ha, 1 Pferd, 4 Rinder).

Alle Grundbesitzer hatten einen Anteil an den Gemeinbesitzflächen. Diese umfassten vor allem Weideflächen (u.a. Pfingstweide) um die großen Teiche in Ortsnähe, so den Hein- oder Heim-

**Blick auf Leutzsch von Osten, im Vordergrund die Große Lache, Zeichnung von Christian Grabau, ca. 1855.**

**Dorfplatz mit Gut Grabau (rechts, heute Parkfläche an der Hans-Driesch-Straße), Blick zur Großen Lache, Zeichnung von Christian Grabau, 1853.**

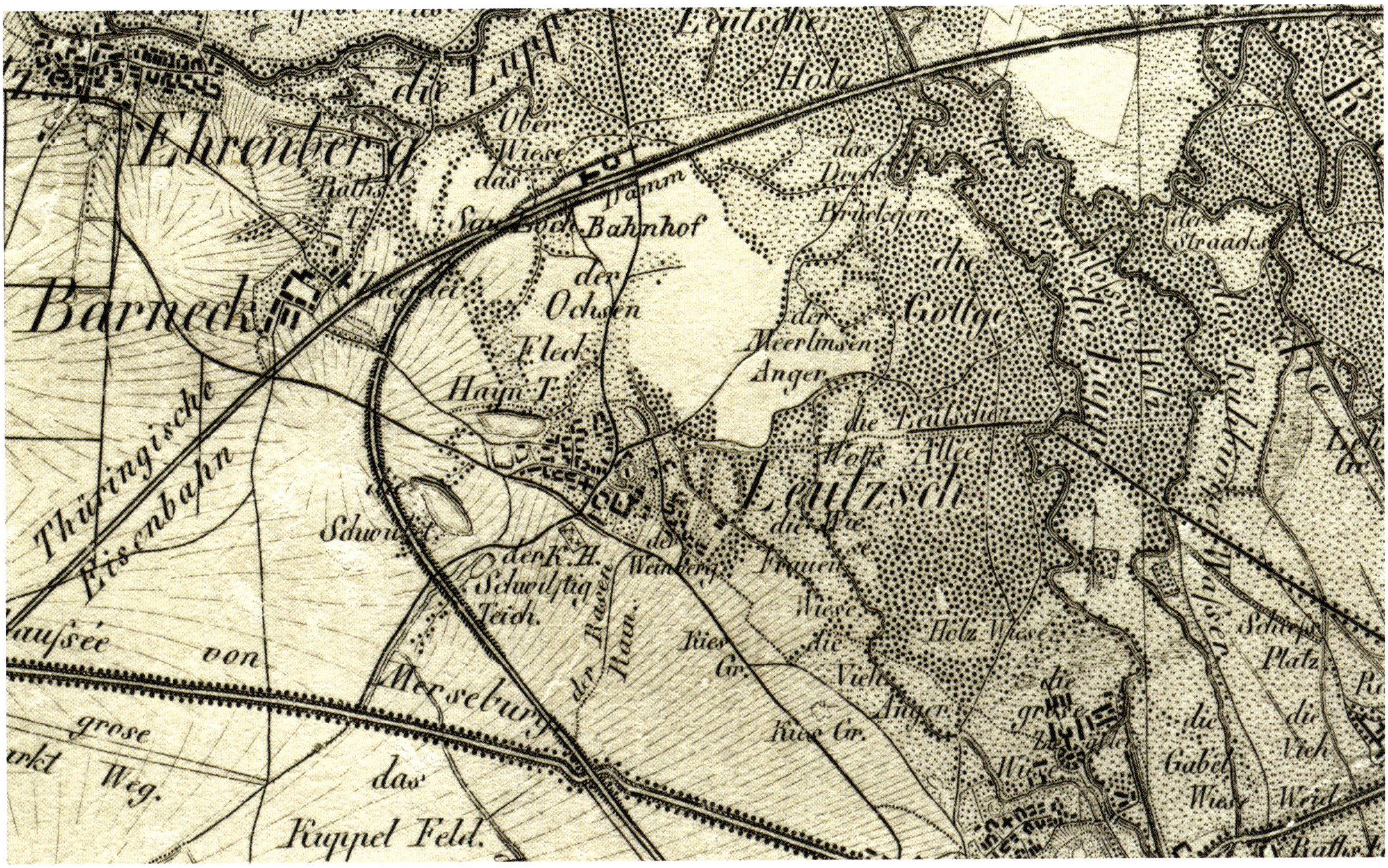


**Leutzsch und Umgebung, 1876.**

teich, zwei Teiche südwestlich des Heimteiches, die um 1800 noch als Kiesgruben ausgewiesen waren, den Hellerteich, die Schwülst, den Schwilstigteich, die große Dorflache und weitere kleinere Teiche. Ein Teil von ihnen wurde auch zur Fischhaltung genutzt. Wunderschön klingen die Namen der einstigen großen Wiesen- und Weideflächen um den Ort: der Ochsenfleck um den nördlichen Teil der heutigen Rathenaustraße, nördlich davon das Sauloch, der Meerlinsenanger nördlich der heutigen Hans-Driesch-Straße, die Wolfswiese und die Frauenwiese südlich davon. Sie zeugen vor allem von der Bedeutung der Milchviehhaltung. Äcker befanden sich wiederum vorrangig südwestlich des Ortes.

Die sächsischen Gesetze über Ablösungen und Gemeinheitsteilungen bzw. über die Landrentenbank vom 17. März 1832 ermöglichten den Bauern, sich von den feudalen Lasten zu befreien. Die festgesetzten Ablösebeträge sicherte die mit staatlichen Garantien ausgestattete Landrentenbank ab. Bis Ende der 1860er Jahren waren viele Güter auch dank der guten konjunkturellen Lage der Landwirtschaft bereits abgelöst und damit im Eigentum der Bauern. Diese konnten ihre Höfe und Flächen nun auch verkaufen – etwa zur Bebauung mit Wohnhäusern oder Fabriken. Von dieser verlockenden Möglichkeit machten ab den 1870er Jahren die Bauern nach und nach Gebrauch. Ernst Theodor Oskar Kietz (1858–1931) war der letzte Bauer in Leutzsch.

Hand in Hand ging diese Entwicklung mit dem wachsenden Bedarf an Wohnbauflächen. Hatte Leutzsch 1871 noch 999 Bewohner, waren es 1890 bereits 2 050, 1900 schon 6 306 und 1904 gar 9 640. Der Wohnungsbau erfolgte zunächst ausgehend vom Ortskern entlang der höher gelegenen Ortsverbindungswege nach Lindenau und Barneck. Die Karte von 1876 zeigt bereits eine Bebauung zwischen Landwaisenhausstraße, William-Zipperer-Straße, An der Lehde und Georg-Schwarz-Straße. Den Auftakt bildete hier wohl das 1856 errichtete Landwaisenhaus

**Landwaisenhaus, einst Georg-Schwarz-Straße 95, um 1910.**

für die Dörfer des ehemaligen Stifts Merseburg (Hauptstraße 54, heute Georg-Schwarz-Straße 95, vor 1930 abgerissen). Entlang der Straße nach Barneck (heute westlicher Teil der Georg-Schwarz-Straße) und am Beginn von Bischofs- und Junghanßstraße sind 1879 ebenfalls Bebauungen erkennbar. Auch im alten Ortskern gab es erste Neubauten, so die um 1860 errichtete Hans-Driesch-Straße 34. Das Gebäude beherbergte nach 1883 das Restaurant „Wartburg". Der Alte Gasthof Leutzsch – später Schäfers Ballhaus (einst Lindenauer Straße 2, heute William-Zipperer-Straße 133/abgerissen) mit der um 1885 errichteten Obstweinschenke (Georg-Schwarz-Straße 128) dürfte dem Namen nach zwar der älteste Gasthof von Leutzsch sein, ist aber wohl auch erst um 1870 entstanden. Bis in das genannte Jahr bestand in Leutzsch der Reiheschank, wobei die Besitzer der Güter reihum Recht und Pflicht hatten, für ihre Nachbarn entweder Bier zu brauen oder aufzukaufen, um es vor Ort auszuschenken. Die Situation am Alten Gasthof hatte der Maler Max Loose auf einem seiner fünf Gemälde für den Sitzungssaal des Rathauses mit Motiven vom alten Leutzsch festgehalten. Es zeigte den Blick von der alten Turnerstaße (heute Am Wasserschlösschen) und im Volksmund „Gurgel" genannt zum ehemaligen Schulgässchen (heute Teil der William-Zipperer-Straße). Leider ist dieses Bild neben einem weiteren, das die Kirchstraße darstellte, verschollen (die erhaltenen auf Seite 6/7).

Markant auf der Karte von 1876 (Seite 11) sind zwei Eisenbahnstrecken, die Leutzsch mit einem Gleisbogen westlich und nördlich umspannen. Bereits 1856 entstand die Strecke Leipzig–Korbetha (später Großkorbetha) der Thüringischen Eisenbahn-Gesellschaft mit dem am 22. März 1856 eröffneten Bahnhof. Er trug zunächst den Namen „Barneck" (nach dem nahe gelegenen Rittergut). Zum 1. Juni 1885 wurde er in „Leutzsch" umbenannt. 1873 kam an der westlichen Ortsflanke die Strecke Zeitz–Leipzig der Preußischen Staatseisenbahn hinzu. Zwischen 1931 und 1998 war der Bahnhof Leutzsch zudem Endpunkt der Strecke Merseburg–Leutzsch. Außerdem zweigte vom Bahnhof nach 1905 der Leipziger Güterring Richtung Wahren ab. So entwickelte sich der Bahnhof in den folgenden Jahrzehnten mit 32 Gleisen und zeitweise 28 Anschlüssen für umliegende Betriebe zu einem der größten Bahnhöfe Leipzigs. 1904 fuhren täglich über Leutzsch 70 Personen- und 60 Güterzüge.

Auf den Karten von 1890 und 1906 wird das weitere Wachstum deutlich. Der zunächst weitab liegende Bahnhof bekam „Gesellschaft". Unmittelbar nördlich von ihm entstand um 1890 die Restauration „Zur Burgaue" mit Saal, Kolonnaden, Biergarten-

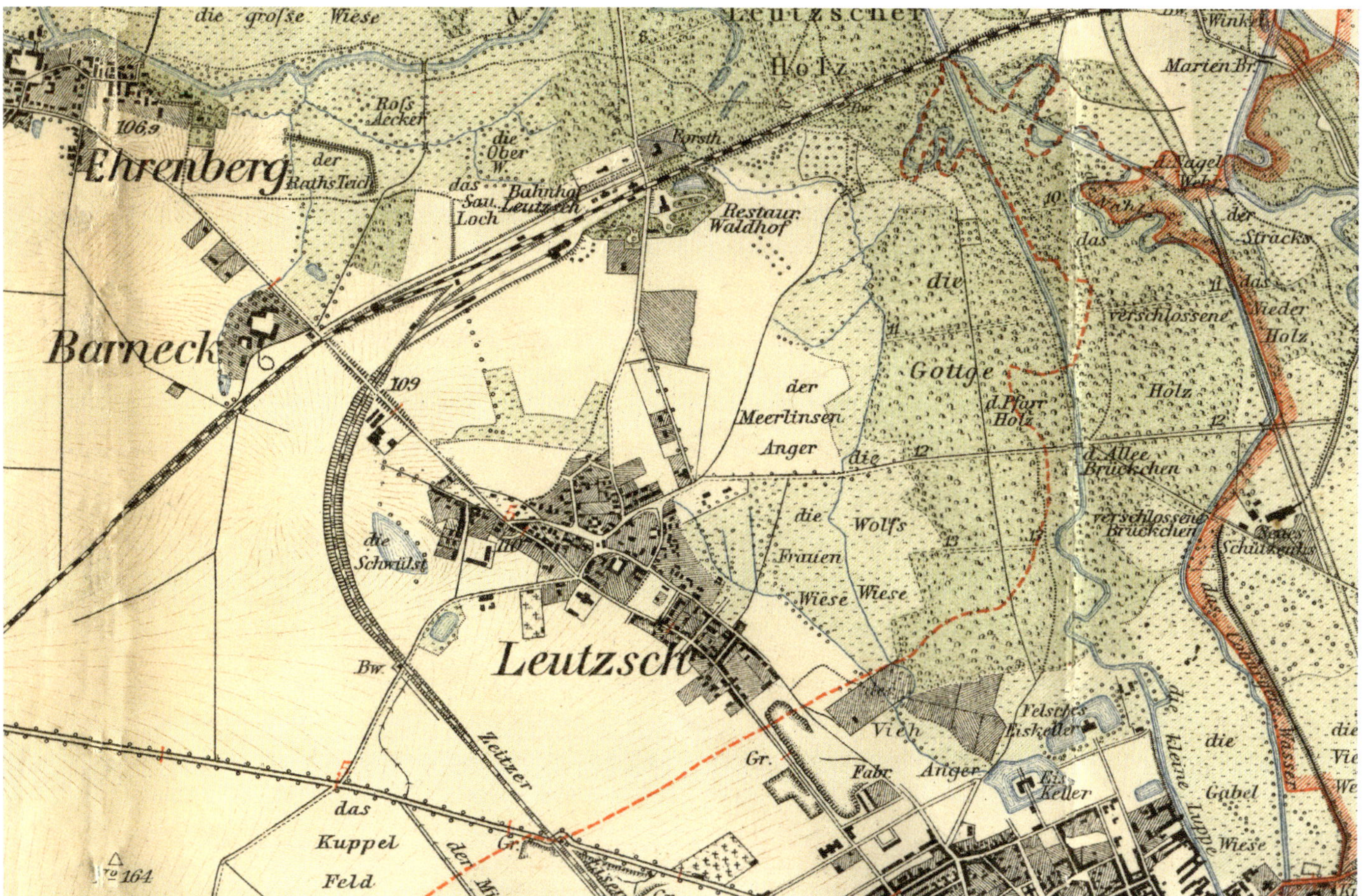


**Leutzsch und Umgebung, 1890.**

haus und 9 000 m² großem Garten. In der Nachbarschaft (heute Gustav-Esche-Straße 2) ließ der Rat der Stadt Leipzig 1887/88 das Forsthaus Burgaue errichten – eine Villa im Heimatstil nach Plänen von Hugo Licht. Südlich des Bahnhofs entstand etwa zeitgleich die Restauration „Waldhof Leutzsch" inmitten eines parkähnlich angelegten Gartens mit Gondelteich. Südwestlich vom Bahnhof erreichte man in wenigen Minuten am Weg nach Barneck (heute Leipziger Straße, Ecke Am Ritterschlösschen) den um 1890 entstandenen Gasthof „Ritterschlösschen" mit Ballsaal und großem Garten. Wiederum wenige Minuten Fußweg in nordöstliche Richtung am Bahnübergang der Strecke Leipzig–Großkorbetha empfing seit Ende der 1890er Jahre das Waldrestaurant „Wilder Mann" Besucher mit weniger üppig gefülltem Geldbeutel, die dafür aber unter schattigem Auwalddach sitzen und dabei die Flaneure zur großen Königseiche (1923 umgestürzt) beobachten durften.

Der Bahnhof Leutzsch war innerhalb weniger Jahre und besonders an Wochenenden von Frühjahr bis Herbst zur Station tausender Leipziger Ausflügler geworden. Die genannten Gasthäuser waren neben einem Spaziergang im Auwald (einige kamen auch aus Leipzig über den Leutzscher Weg quer über die Frankfuter Wiesen vorbei am 1867 entstandenen Neuen Schützenhaus und über das Alleebrückchen gelaufen) die Hauptattraktion. Auch im Ort eröffneten Ende der 1890er Jahre weitere Gasthäuser, so an der heutigen Hans-Driesch-Straße, Ecke Paul-Michael-Straße das „Auenschlösschen" und in der heutigen Willam-Zipperer-Straße der „Schwarze Jäger" mit großem Konzert- und Ballsaal.

Ein weiterer Schritt für die Verkehrsanbindung von Leutzsch war 1899 die Einrichtung der Leutzscher Straßenbahntrasse über die heutige Georg-Schwarz Straße und Rathenaustraße zum Leutzscher Bahnhof (seit 2001 zwischen Leutzscher Rathaus und Leutzscher Bahnhof nur noch Betriebsstrecke). Eine dort eingerichtete Kuppel-Endstelle wurde 1908 zum Straßenbahnhof ausgebaut. 1907 entstand zudem die Gundorfer Straßenbahntrasse. Sie fährt bis heute über die gesamte Georg-Schwarz-Straße in Leutzsch bis nach Böhlitz-Ehrenberg.

Die gute Anbindung lockte jedoch nicht nur Ausflügler, sondern auch Unternehmer an. Ein Gleisanschluss war für eine gründerzeitliche Fabrik Gold wert. Der Transport von Kohle für die Dampfkessel, von Rohstoffen und fertigen Produkten ging damals über größere Entfernungen nur per Bahn oder Schiff. Auch für Letzteres bestand am Horizont ein Hoffnungsschimmer mit den Plänen zum Bau eines Hafens bei Schönau.

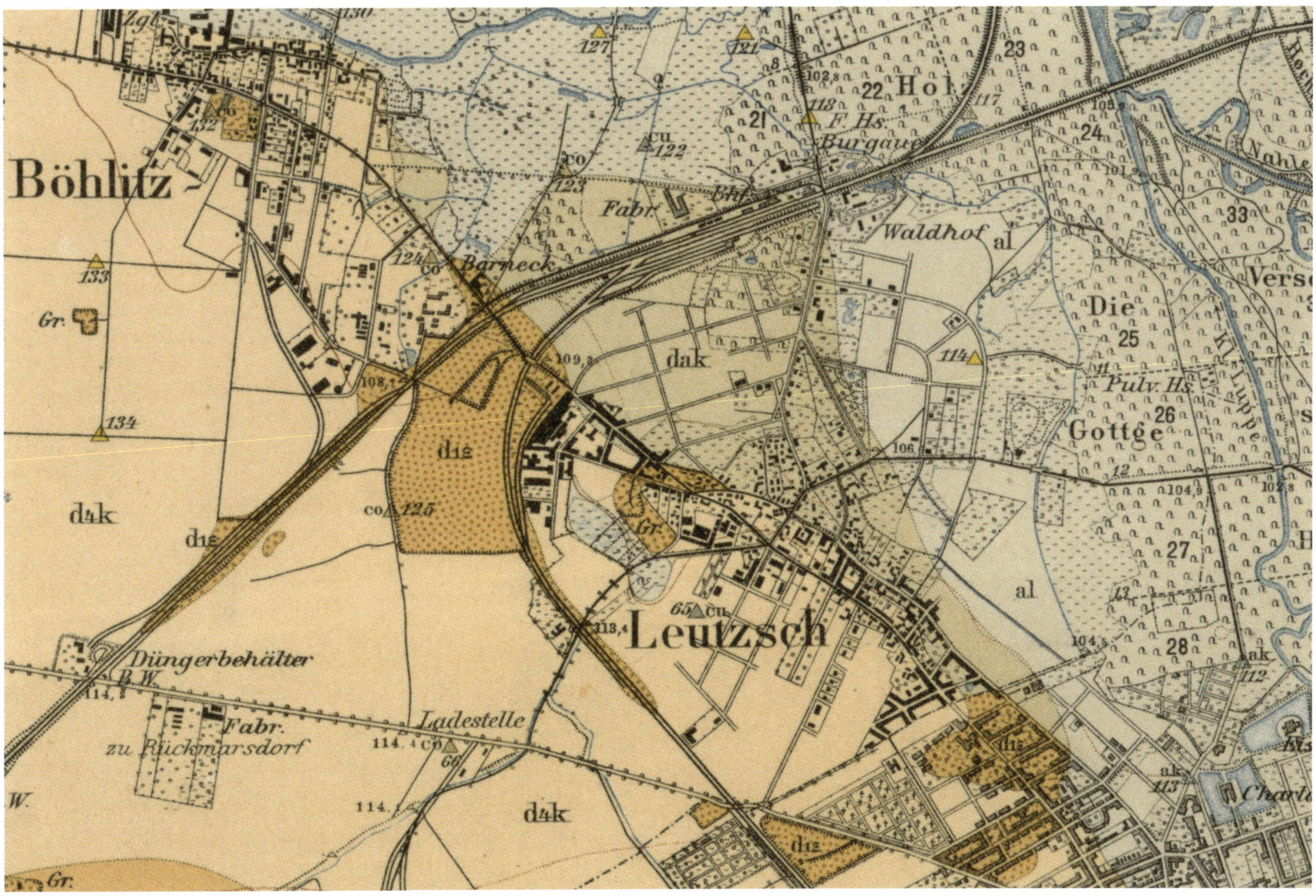


**Leutzsch und Umgebung, 1906. Der Ausschnitt aus der Geologischen Spezialkarte zeigt auch die ursprüngliche Ausdehnung der Aue (blaugrün, al).**

Die Flügel- und Pianomechanikfabrik H. F. Flemming, um 1895.

Werbekarte der Firma Springer & Möller, um 1910.

Nahe dem Gleisbogen entstand nach 1890 die Franz-Flemming-Straße. Sie bestand zunächst aus zwei Straßen ohne Verbindung: der Eisenbahnstraße, ausgehend von der Merseburger Straße, und der Flemmingstraße (erst ab 1905 Franz-Flemming-Straße), ausgehend von der heutigen Georg-Schwarz-Straße. Beide Teile – verbunden an der Kreuzung zur Rückmarsdorfer Straße – hießen ab 1928 Franz-Flemming-Straße. Der gebürtige Leutzscher Hermann Franz Flemming (1848–1938) gründete 1874 die Flügel- und Pianomechanikfabrik H. F. Flemming. Wohl um 1890 begann er an der Flemmingstraße ein Holzlager und Produktionsstätten einzurichten. Das heute noch erhaltene Verwaltungsgebäude (Nr. 41) stammt aus dem Jahre 1895. 1893 begann auch die 1889 gegründete Firma Körting & Mathiesen an der Flemmingstraße eine erste Fabrik zu bauen (Nrn. 43/45). Die Firma produzierte vorrangig Bogenlampen, die ein helles und blendfreies Licht erzeugten und zu Beginn vor allem als Beleuchtung von Industriebetrieben Verwendung fanden. 1911/12 wurde die Fabrik erheblich erweitert und ausgebaut. 1910 entstand an der Georg-Schwarz-Straße 185 zudem ein modernes Fabrikgebäude (Architekten Schmidt & Johlige) zur Metallfadenlampenproduktion (1929 Übernahme durch Firma Hoh & Hahne). Neben der Firma F. H. Flemming (Nr. 39/39a) richtete ab 1888 die Julius Blüthner Pianofortefabrik ein Sägewerk mit riesigem Holzlager ein. In Nachbarschaft zu Körting & Mathiesen baute Maximilian Jahn 1907 eine moderne Stahlgießerei (heute Georg-Schwarz-Straße 181/183) mit zeitweise über 500 Beschäftigten.

Die Ansiedlung von Fabriken am südlichen Teil der Franz-Flemming-Straße (Eisenbahnstraße) begann Ende der 1890er Jahre. Die Plagwitzer Armaturenfabrik Schumann & Co. verlegte 1905/06 ihre Metallspezialgießerei hierher (Nr. 5). Das Verwaltungsgebäude war bereits 1898 entstanden. Zwischen 1907 und 1913 nutzte die Zementwarenfabrik C. Sonntag das Nachbarareal (Nr. 7, später andere Firmen). Tierköpfe für Teppiche und mechanisch bewegte Tiere zur Schaufensterdekoration fertigte ab 1906 die Firma Wieseler & Dietzold Naturalisten in Nr. 9 (später J. Arthur Dietzold Pelzfurnituren und Metallwaren). Die 1897 gegründete Möbelfabrik Wagner & Zinkeisen verlegte ebenfalls 1906 ihre Produktion nach Leutzsch (Nr. 11). 1936 übernahm die benachbarte Maschinenfabrik Kleim & Ungerer das Grundstück. Die Firma hatte seit 1906 hier ihren Standort (Nr. 13). Das 1895 gegründete Handelsunternehmen Springer & Möller (ab 1928 Aktiengesellschaft) baute seine Farbenfabrik ebenfalls 1906 in die Franz-Flemming-Straße (Nr. 15). Der 1922 und 1936 erweiterte Betrieb (Franz-Flemming-Straße 16, Hans-Driesch-Straße 54) produzierte u.a. Buch- und Steindruckfarben, Autolacke, Sperrgrund (Baugrundierungen) und Rostschutzfarben. Das Baugeschäft A. Müller übernahm 1908 die Franz-Flemming-Straße 17, bevor andere Unternehmen die Adresse nutzten. Die Maschinen- und Zahnräderfabrik Ernst Wiese zog 1907 in ihr neuerbautes Werk (Nr. 19). Ein Jahr zuvor baute nebenan (Nr. 21) die Firma Weinhold & Hiller, Fabrik für Feuerungsanlagen, ihre Gebäude (ab 1920 dort Zieh- und Walzwerk GmbH). Die Leipziger Schraubenfabrik Oscar Teichert bezog 1910 ihre neue Fabrik in der Nr. 23. Anfangs produzierte das Unternehmen vorrangig für die Musikbranche, später vermehrt Erzeugnisse für den Maschinenbau. In unmittelbarer Nachbarschaft zu dieser Fabrik etablierte sich 1895 die Deutsche Holzbearbeitungsmaschinenfabrik Jacobi & Eichhorn (Nr. 25, nahe der Rückmarsdorfer Straße). Die bauliche Lücke bis zur Nr. 39 (Sägewerk/Holzlager Blüthner) wurde in den folgenden Jahrzehnten nicht geschlossen.

Am nördlichen Teil des Gleisbogens (heute Am Ritterschlösschen 22) baute 1894 Moritz Prescher Nachf. (seit 1902 AG) eine Fabrik für grafische und chemische Erzeugnisse (spätere Nutzer: Gießerei Jahn und Landmaschinenbau Sack). Die Gebäude sind heute Sitz des Zentrums für Aus- und Weiterbildung Leipzig.

Einen etwas ungewöhnlichen Standort hatte die 1883 gegründete Eisengießerei von Edmund Becker. Sie nahm nach ihrem Ausbau um 1900 fast den gesamten Innenbereich zwischen Rückmarsdorfer-, Junghanß- und heutiger Georg-Schwarz-Straße ein. Von dem riesigen Betrieb, der 1914 fast 800 Beschäftigte hatte, sind heute nur noch die Villa des Fabrikanten Becker (Junghanßstraße 1) und ein kleineres Fabrikgebäude (Rückmarsdorfer Straße 18) übrig. In dem genannten Straßendreieck hatten auch kleinere Firmen wie der Wagenbaubetrieb Rieger ihre Fertigungsstätte. Insgesamt beschäftigten die Leutzscher Fabriken vor dem Ersten Weltkrieg wohl weit über 3 000 Menschen.

Parallel zur Industrialisierung nahm der Wohnungsbau ab Beginn der 1880er Jahre deutlich an Fahrt auf, besonders an der Wachstumslinie entlang der heutigen Georg-Schwarz-Straße (Nrn. 67, 87–93 um 1880 errichtet) und William-Zipperer-Straße in Richtung Lindenau. Um 1895 war die Prießnitzstraße, damals noch Grenzstraße, weitestgehend bebaut (Nrn. 34–44 um 1890/95 errichtet). Von der sich zur Geschäftsstraße entwickelnden Georg-Schwarz-Straße aus wurden Querstraßen angelegt (Weinbergstraße, Landwaisenhausstraße, Ellernweg, An der Lehde) und ebenfalls bis in die ersten Jahre des 20. Jahrhunderts bebaut. Eine ähnliche Entwicklung vollzog sich zeitgleich an der Georg-Schwarz-Straße zwischen den Abzweigen Pfingstweide und Franz-Flemming-Straße, an der Bischofstraße und der Schwylststraße, wo die meisten Häuser zwischen 1895 und 1900 erbaut wurden. Noch etwas früher (um 1890) begann der Mietwohnungsbau an der heutigen Hans-Driesch-Straße zwischen Georg-Schwarz-Straße und Benediktusstraße. Vis-a-vis war bereits 1881 die erste große Schule erbaut worden (Turnhallen 1894 und 1906). 1901 und 1906 wurde der Komplex durch ein zweites Schulgebäude bis an die Sattelhofstraße erweitert. Auch die alte Ortslage um Kirche und Wasserschlösschen (Weißes Haus) veränderte ihr Gesicht. Um 1890 entstand dort mit dem Gebäude Am Wasserschloss 12 ein erstes dreigeschossiges Mietshaus, 1898 folgte das Postgebäude (Hans-Driesch-Straße 24). Am Tanzplan 4 bis 8 entstanden auf einem freien Feld zwischen 1900 und 1905 drei Wohnhäuser. Die 1890 erweiterte Kirche ließ sich 1910 ein modernes Gemeindehaus errichten (William-Zipperer-Straße 149). Auf dem Areal eines ehemaligen Bauerngutes folgte schließlich an der heutigen Hans-Driesch-Straße 36 (1909) und 38 (1911) der Bau repräsentativer Großstadthäuser nach Plänen des Architekten Franz Hänsel. Das alte Grabau´sche Gut gegenüber (heute Teil der Grünfläche Wasserschloss) behauptete sich dagegen noch einige Zeit.

Neben dem Bau neuer Mietshäuser etablierte sich Leutzsch nach 1880 auch als Standort für repräsentative Villen. Wichtiger Impulsgeber dafür war Theodor Ernst Thorer (1828–1894), der am Brühl 70 ein weltweit agierendes Pelzhandelshaus betrieb. Er hatte bereits 1875, da sich die Grundstücke entlang der neuen Bahnhofstraße (heute Rathenaustraße) noch in bäuerlichem Besitz befanden, ein großes Areal östlich davon erworben. Das Gelände durchzog später eine Straße, die seinen Namen trug: Thorerstraße (heute Paul-Michael-Straße). 1880 ließ er sich dort eine Villa bauen, womit der Auftakt zur Bebauung dieser Straße mit Villen vollzogen war. Unter anderem seine Söhne Max und Fritz (Nrn. 2 und 10) sowie Curt (Rathenaustraße 40) folgten dem Beispiel des Vaters auf Sichtweite. Die erwähnte Bahnhofstraße (Rathenaustraße) entwickelte sich ab 1887 (Nr. 15) ebenfalls zu einer Villenstraße und war schon 1900 umfangreich bebaut. Um 1890 begann dann auch der Villenbau entlang der in einem Bogen geführten Otto-Schmiedt-Straße, an der Straße Zum Harfenacker und an der heutigen Hans-Driesch-Straße (Nr. 2 Villa von Moritz Mädler, Architek Julius Zeißig). Ein weiterer früher Standort des Villenbaus lag Am langen Felde, wo ab 1896 Häuser (Nrn. 13, 15, 17 und 21) entstanden.

In der Phase des starken Bevölkerungszuwachses wurden zwischen 1900 und 1913 auf Leutzscher Flur auch neun Kleingartenanlagen mit fast 1 400 Parzellen angelegt.

Leutzsch hatte zwischen 1880 und 1910 rasante Veränderungen erfahren. Höhepunkt dieser Entwicklung war zweifellos der Bau des Leutzscher Rathauses 1903/04 als Zeichen eines neuen Selbstbewusstseins. Der Neorenaissance-Bau mit Eckturm markiert zusammen mit dem Schulkomplex und dem 1910 errichteten Miets- und Geschäftshaus Rückmarsdorfer Straße 1 die neue Ortsmitte. Vielleicht spekulierte man damals auch auf einen stattlichen Kirchenneubau gegenüber dem Rathaus, was das Ensemble komplettiert hätte. Doch die Kirchgemeinde entschied sich (aus heutiger Sicht zu Recht) zweimal (1890 und 1900) für eine Erweiterung der alten Dorfkirche. Letztendlich blieb die neue Ortsmitte – der Entwicklung des Verkehrs geschuldet – bis heute eine große Straßenkreuzung.

Nach Erstem Weltkrieg und Nachkriegszeit erlebte Leutzsch bis zum Ausbruch des Zweiten Weltkrieges einen weiteren Entwicklungsschub. Allein um die Heimteichstraße entstanden zwischen 1925 und 1930 durch die Stadt Leipzig nach Plänen von Hubert Ritter 330 Wohnungen und 1930 nach Plänen von Walther Beyer nördlich der Gaußstraße nochmals 89 Wohnungen. Umfangreiche Bebauungen mit Wohnhäusern erfolgten auch Am langen Felde, Benediktusstraße, Blüthnerstraße, Ellernweg, Georg-Schwarz-Straße (Nrn. 95–99, 130, 132, 153), Hans-Driesch-Straße (Nrn. 45–51), Sattelhofstraße und Weinbergstraße (Nrn. 13–19, 18–22). Auch etliche Villen entstanden u. a. an der Otto-Schmiedt-Straße und am Zum Harfenacker.

Damit hatte die Entwicklung des Stadtteils alle heute bebauten Standorte erreicht. Der Leser darf sich nun auf eine spannende und unterhaltsame Entdeckungsreise durch Leutzsch begeben.

Kirche
Neues Rathaus.
Diakonissen Haus
Schule.
Wasser- Turm
Postgebäude.
Gruss aus
Leutzsch
Alter Gasthof Leutzsch
Alter Gasthof.
Turnhalle.

Gruß aus Leutzsch mit Dorfplatz und Kirche, dem 1856 erbauten Bahnhofsgebäude und der 1897 erbauten Villa Thorer in der heutigen Rathenaustraße 40. Die Karte lief 1899.

linke Seite: Gruß aus Leutzsch, um 1906, mit der Kirche, dem 1904 eröffneten Rathaus, dem 1903 erbauten Wasserturm, der 1898 erbauten Post, dem alten Gasthof, dem Schulkomplex (1881 und 1901 erbaut) und der 1894 erbauten Turnhalle). Das 1900 eröffnete Diakonissenhaus liegt auf Lindenauer Flur. Verlag von Bruno Bürger & Ottilie.

Das 1887/88 erbaute Forsthaus Burgaue, heute Gustav-Esche-Straße 2, das Postgebäude und das 1881 erbaute Schulhaus an der heutigen Hans-Driesch-Straße 41. Die Karte lief 1899.

Die ältesten Ansichtskarten waren vor allem **Lithografien**. Bei der Ende des 18. Jahrhunderts erfundenen Lithografie diente als Druckträger ein Kalkschieferstein, der vor allem in Solnhofen in Bayern gebrochen wurde. Bereits im Jahre 1837 ließ sich Godefroy Engelmann (1788–1839) unter dem Namen Chromolithografie eine farbige Variante der Lithografie patentieren, wobei mehrere Farben übereinandergedruckt wurden. Nach Einführung der Steindruck-Schnellpressen im Jahre 1871 war auch die Herstellung größerer Mengen an farbigen Drucksachen möglich. Kaum ein anderes Medium als die Ansichtskarte war bis etwa 1906 von dieser Drucktechnik geprägt. Danach änderten sich Herstellungsverfahren und Stil der Karten relativ abrupt.

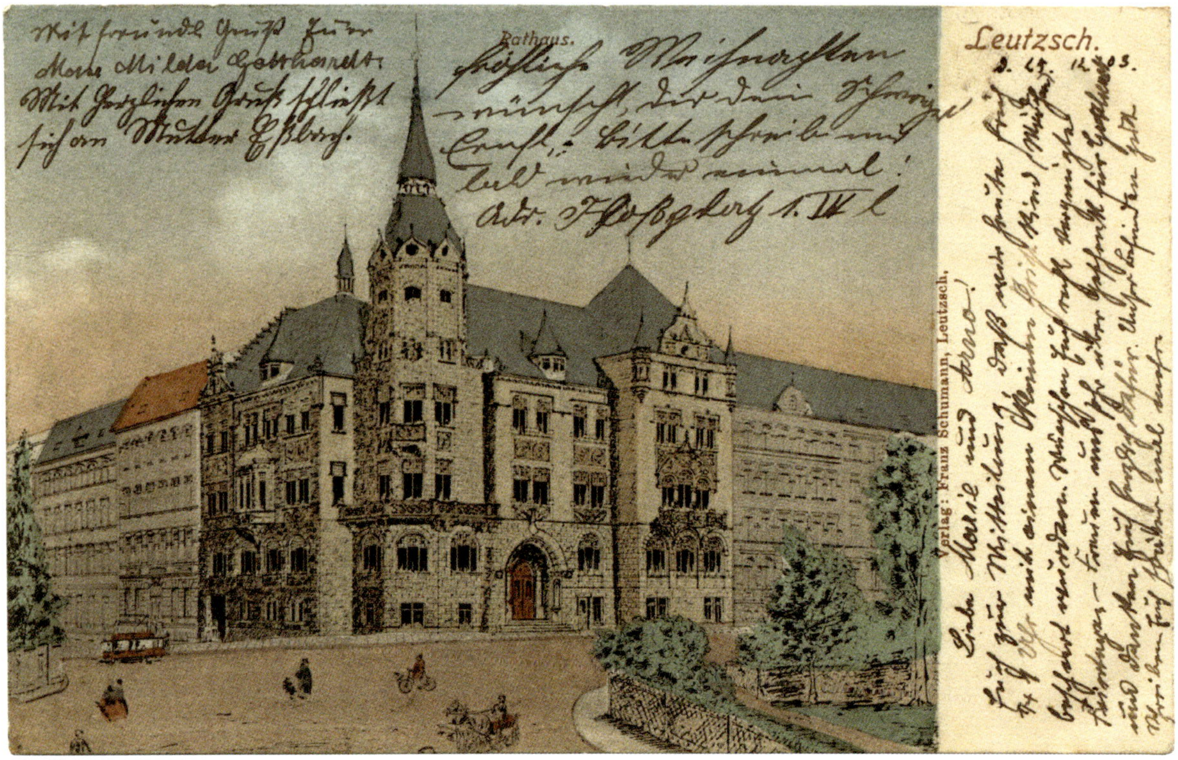


Das am 5. Juni 1904 eröffnete Leutzscher Rathaus auf einer bereits 1903 gelaufenen Karte (Verlag Franz Schumann, Leutzsch) mit fiktiver Bebauung links und rechts des Gebäudes.

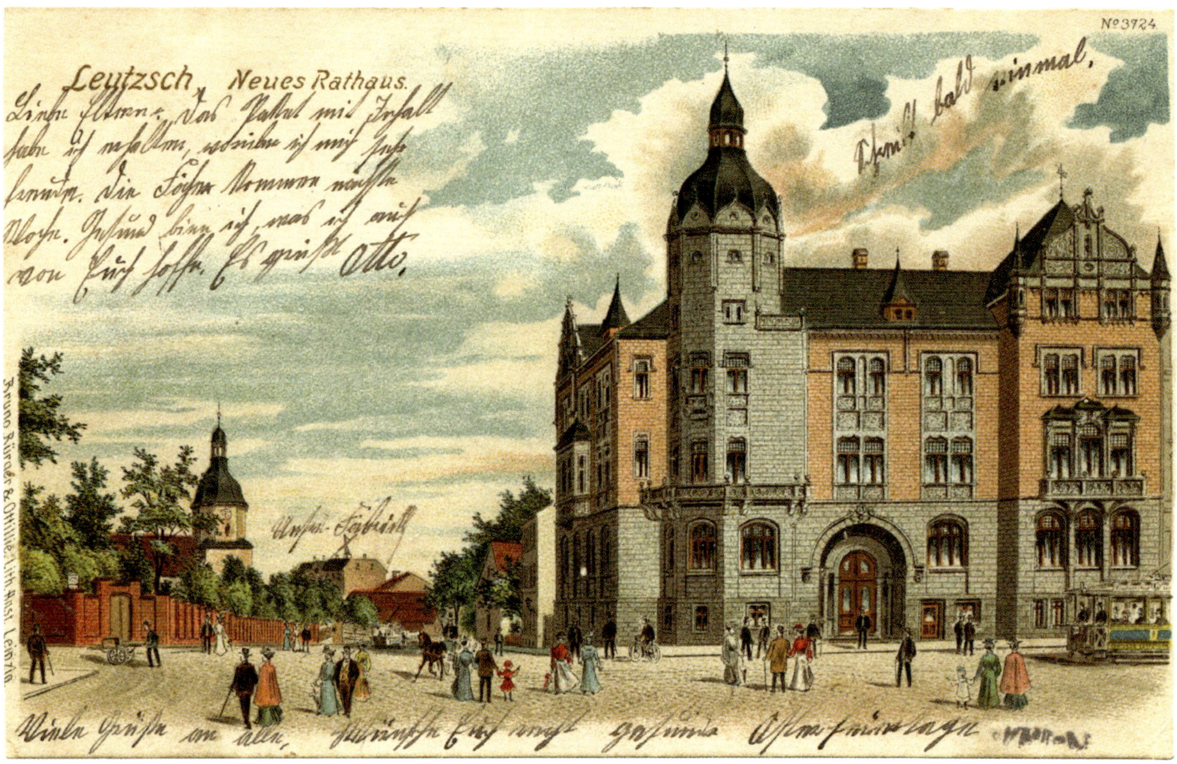


Rathaus mit Blick zur Kirche. Die Karte erschien im Verlag von Bruno Bürger & Ottilie und lief 1904.

**Künstlerpostkarte des Verlages von Bruno Bürger & Ottilie mit der Laurentiuskirche Leutzsch vor der Erweiterung der Kirche im Jahre 1900.**

Die Ev.-luth. **Kirche St. Laurentius** blickt auf eine lange Geschichte zurück. Zunächst bestand eine der Hl. Maria geweihten Kapelle als Tochterkirche von Gundorf. 1397 erhob der Merseburger Bischof diese am Tag des Hl. Laurentius zur Parochalkirche. An den Chorturm wurde 1497 ein Schiff angefügt mit drei Spitzbogenfenstern an jeder Seite. 1689 erhielt die Kirche ihren Turmkopf. 1852 kam es zu einer ersten Erweiterung. Das erhöhte Kirchenschiff hatte nun vier Fenster auf jeder Seite. Im Jahre 1890 folgte die nächste Erweiterung. Das Schiff wurde um eine weitere Fensterachse erweitert. Eine Apsis im Osten und eine Sakristei im Süden wurden angebaut. 1900 erfuhr die Kirche ihre letzte Erweiterung.

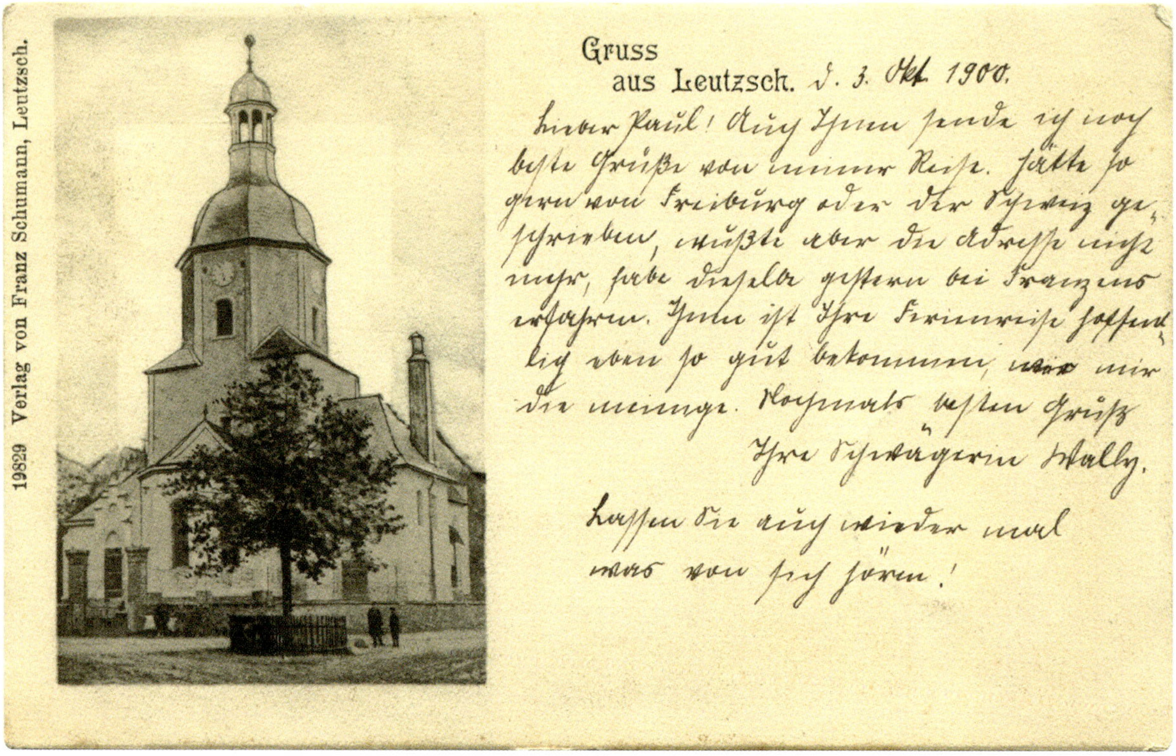


Dorfplatz mit Kirche, gelaufen 1900.

Die 1905 gelaufene Karte zeigt den Wasserturm (ehemaliger Standort Schwimmhalle Hans-Driesch-Straße 52a), die Turnhalle von 1894 (heute nur noch Kopfbau vorhanden) und den Schulkomplex von der Sattelhofstraße aus gesehen mit den 1881 und 1901 errichteten Schulgebäuden. Die Erweiterung der Schule 1906 ist noch nicht abgebildet.

**Gruß vom Bahnhof Leutzsch, gelaufen 1902.**

**Das 1898 erbaute Postgebäude (Hans-Driesch-Straße 24) ist heute Wohnhaus. Die Karte lief 1902.**

Ab dem 3. Oktober 1864 gehörte Leutzsch zum Bestellkreis der in Lindenau eröffneten Postexpedition. Zwei Jahre zuvor war bereits ein Briefkasten im Dorf aufgestellt worden. Am 9. Juli 1887 teilte die Kaiserliche Oberpostdirektion Leipzig dem Gemeindevorstand Uhlig mit, dass in Leutzsch am 1. August eine Postagentur eingerichtet werde. Die Verwaltung derselben sollte Uhlig gegen eine Jahresvergütung von 300 Mark übernehmen. Dieser lehnte jedoch dankend ab und schlug dafür den Produktenhändler Greif vor, welcher von der Oberpostdirektion auch bestätigt wurde. Im Leipziger Adressbuch von 1888 wird dann erstmals in Leutzsch ein **Postamt** erwähnt, welches sich ab 1898 in dem eigens dafür erbauten Gebäude (Hans-Driesch-Straße 24) befand.

Die 1901 gelaufene Karte wurde von der Kaffeerösterei Schirmer herausgegeben und zeigt den Blick von der Schule zur Kirche, das 1883 eingerichtete Restaurant „Zur Burgaue" und den Gasthof Leutzsch am Ende der heutigen William-Zipperer-Straße.

Alter Gasthof Leutzsch mit Obstweinschänke. Im Hintergrund (rechts) sind die Gebäude des 1910 abgerissenen Sattelhofes erkennbar. Die Karte lief 1899.

**Alter Gasthof Leutzsch mit Erinnerung an das Deutschnationale Sommerfest am 1. Juli 1900.**

**Alter Gasthof Leutzsch, Lindenauer Straße 2 (abgerissen, heute William-Zipperer-Straße) und die 1885 errichtete Obstweinschänke (Georg-Schwarz-Straße 128). Die Karte lief 1911.**

Viele Ansichtskarten wurden **Gaststätten** gewidmet. Zwischen 1890 und 1914 waren sie in heute kaum vorstellbarer Dimension Orte der Freizeitkultur breitester Schichten der Bevölkerung. An den Wochenenden in den wärmeren Jahreszeiten zog es viele Familien zum Flanieren und Spazieren hinaus. Fester Bestandteil der Ausflüge war die Einkehr. Beim Bier, einer Limonade oder einer Tasse Kaffee saß man Stunden in geselliger Runde oder beim „Sehen und Gesehenwerden". Die Lokale warben mit „staubfreien" Gärten mit bis zu tausend Plätzen sowie Vergnügungen für Kinder und Erwachsene. So verwundert es nicht, dass Kartenverlage gerade diese Lokale gern ins Bild setzten. Andererseits war der Versand der Karten für die Gasthöfe eine gute Eigenwerbung.

Das Restaurant „Schwarzer Jäger“ (William-Zipperer-Straße 111) erlebte im großen Ballsaal nicht nur rauschende Feste, sondern auch viele Chorkonzerte unter Leitung von Barnet Licht. 1961 wurde die traditionsreiche Einrichtung zum Jugendklubhaus umgebaut. Im November 2008 erfolgte der Abriss.
Die Karte lief 1904.

rechts: Ankündigung eines Kommers (abendlicher Umtrunk) mit dem Männerchor Leutzsch im „Schwarzen Jäger“, 1912.

MÄNNERCHOR LEUTZSCH
Mitgl. d. A.-S.-B. Dir.: Herr B. Licht
Kommers zum 20. Stiftungsfeste
am Sonnabend, den 16. März 1912, abends 1/29 Uhr
im Etablissement Schwarzer Jäger
Leutzsch
Es wird höflichst gebeten, während der gesanglichen Darbietungen nicht zu rauchen

Gruß aus dem „Schwarzen Jäger“ mit Gaststube, Ballsaal und Gartenrestauration. Die Karte lief 1915.

Die Karte vom „Schwarzen Jäger“ lief 1927.

In der um 1860 erbauten Leipziger Straße 34 (heute Hans-Driesch-Straße) empfing ab 1883 das Gasthaus „Wartburg“ seine Gäste. In der Nähe lagen die Kirche, das Gemeindehaus und vis-a-vis das „Weiße Haus“. Die Aufnahme oben zeigt den Blick vom 1890 errichteten Mietshaus Am Wasserschloss 12 zur Kirche mit den alten Bauerngütern an der heutigen Hans-Driesch-Straße.
Die Karte lief 1899.

Das Restaurant „Vater Jahn“, Lindenauer Straße 34 (heute William-Zipperer-Straße 101, abgerissen) war Turnlokal des 1892 gegründeten Turn- und Sportvereins „Jahn-Leutzsch“. Im Turnsaal wurden stolz die Bilder von Karl Marx und Ferdinand Lassalle gezeigt. Von 1921 bis 1923 befand sich dort das Kino „Leutzscher Lichtspiele“.
Die Karte lief 1904.

Als Fotokarten werden Ansichtskarten bezeichnet, die auf fotografischen Aufnahmen basieren. Dabei gibt es seit 1896, als auf der Pariser Weltausstellung erstmals eine Foto-Ansichtskarte erschien, mehrere Verfahren, die Fotografie auf die Postkarte zu bringen. Die älteste Form der Umsetzung ist die **Fotolithografie**, bei der die Aufnahme über ein retuschiertes Negativ oder ein gerastertes Diapositiv direkt auf den Lithografiestein übertragen wird. Voraussetzung waren Aufnahmen mit speziellen Reproduktionskameras. Bis etwa 1920 wurden schwarzweiße Fotokarten zudem über die Verfahren des Lichtdrucks und des Bromsilberdrucks hergestellt. Spätere Fotokarten wurden dann – farbige größtenteils bis heute – im Offsetdruck hergestellt.

Das „Auenschlösschen“ befand sich an der heutigen Hans-Driesch-Straße, Ecke Paul-Michael-Straße. Die Karte lief 1901.

Gruß aus dem „Auenschlösschen“ mit großem schattigem Biergarten, 1903.

Der „Waldhof“ Leutzsch-Barneck, am Ende der Bahnhofstraße (heute Rathenaustraße 54) entstand um das 1890 errichtete Restaurationsgebäude. Die Karte lief bereits 1894, was für eine farbige Lithografie äußerst selten ist.

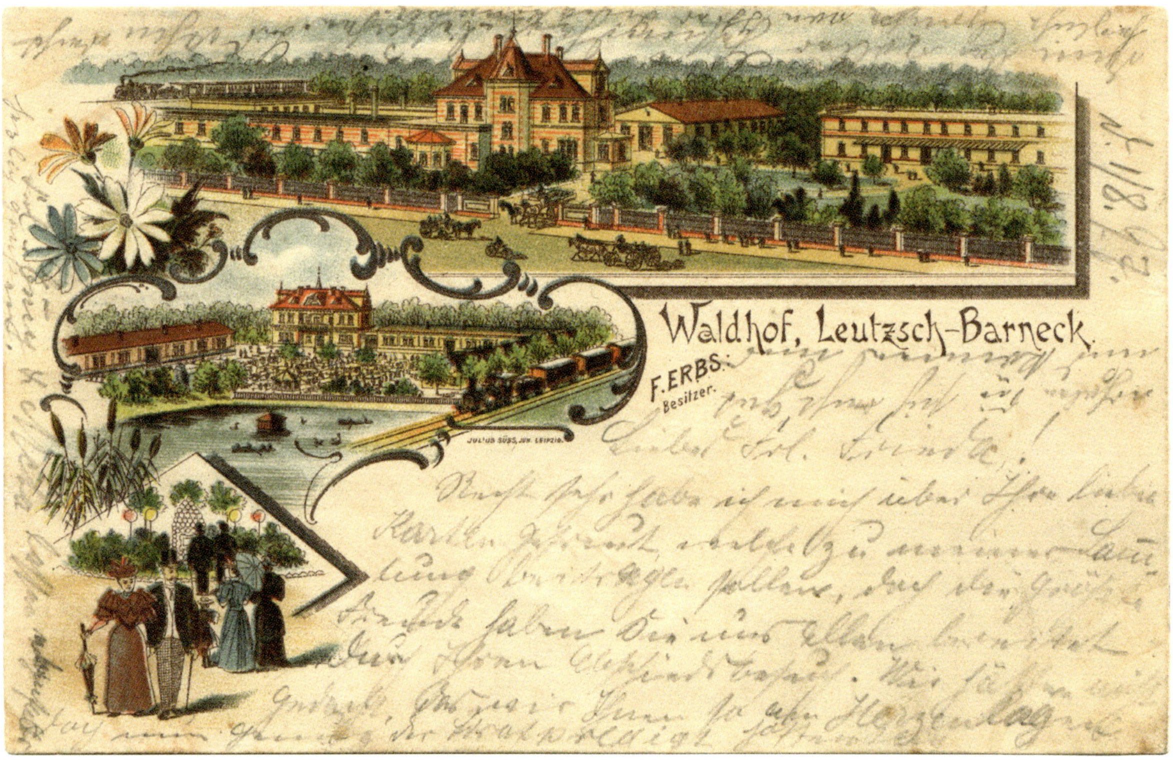


Der „Waldhof“ Leutzsch-Barneck auf einer 1897 gelaufenen Karte. das weitläufige Areal umfasste mehrere Säle, einen großen Biergarten, eine Spielwiese und den Waldhof-Teich zum Gondeln.

**Ansichtskarten** hatten 1896 ihren großen Durchbruch. Ein Grund dafür war die Möglichkeit ihrer Herstellung mit Hilfe der mehrfarbigen Lithografie. Preisliche Attraktivität und Massenproduktion wurden wiederum durch den Einsatz der Schnellpresse ermöglicht. Immer schneller griff nun der technische Fortschritt auf die Kartenherstellung über. Die fototechnische Entwicklung war 1896 so weit, neben den Lithografien auch Foto-Bildkarten anbieten zu können. Mit Hilfe des lithografischen Verfahrens, vor allem aber über den Lichtdruck gelang es ab 1900 verstärkt, Fotokarten auf den Markt zu bringen. Der Nachteil der Schwarzweißfotografie konnte bald kompensiert werden. Die Fotokarten wurden per Hand koloriert oder im Lichtdruck mit mehreren Farben gedruckt.

Den Bahnhof Leutzsch direkt vor der Tür erhielt der „Waldhof" 1899 auch noch direkten Anschluss an die Straßenbahn, was den Massenansturm weiter beförderte. Die Karte lief 1902.

Vergnügliches Treiben im Biergarten des Restaurants „Waldhof", gelaufen 1904.

Gruß aus dem „Waldhof" Leutzsch, gelaufen 1900, mit illuminiertem Garten und der gelb-rot verklinkerten Villa. Sie wurde nach 2011 saniert und ist ein Gebäude der in Leutzsch sitzenden S&P Gruppe.

Gondelpartie auf dem Waldhof-Teich.
Die Karte lief 1905.

Kartengruß aus dem „Waldhof“ Leutzsch von 1906.

Die 1907 gelaufene Karte betont die Möglichkeiten des Flanierens um den „Waldhof“ Leutzsch.

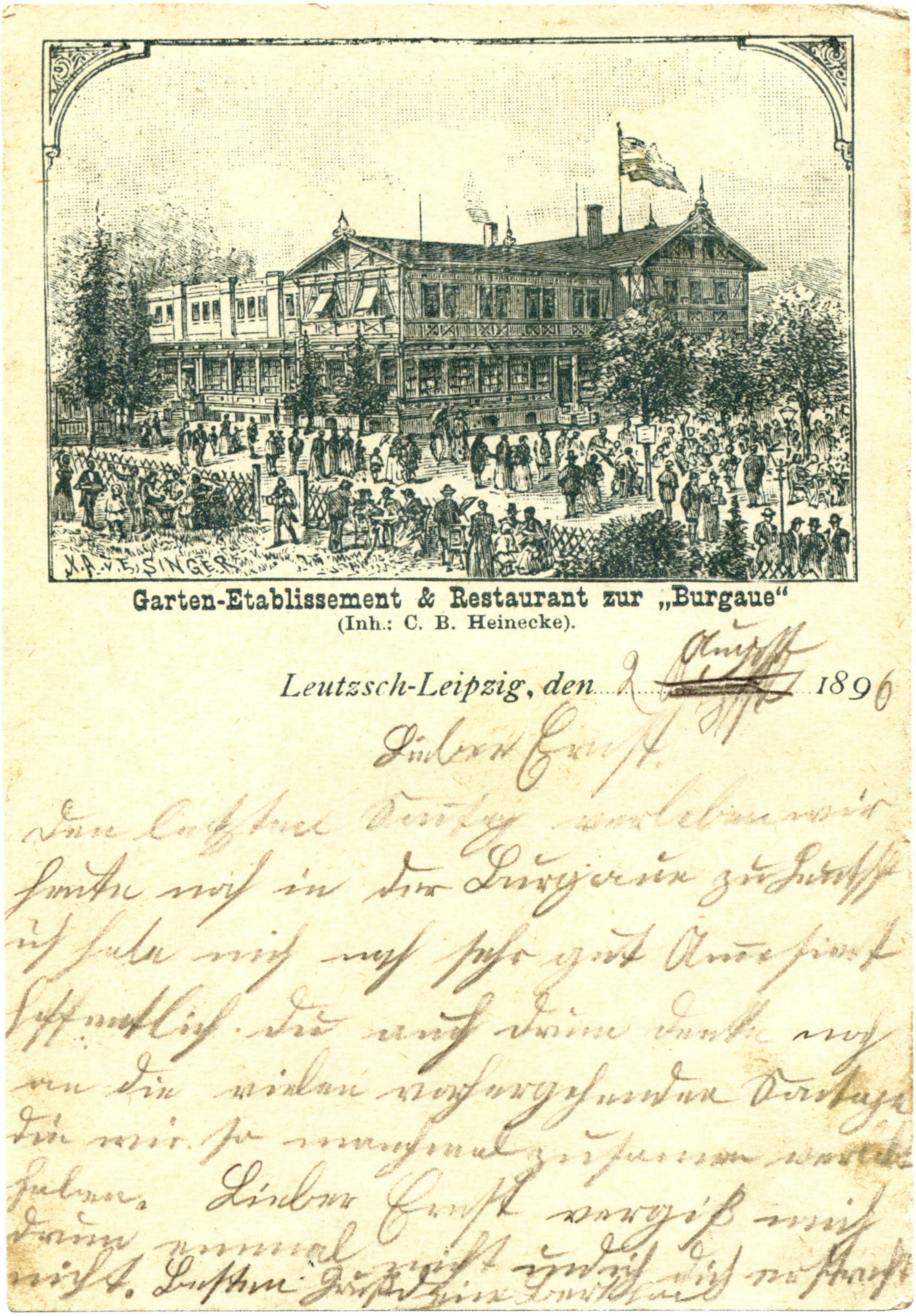


**Älteste Ansichtskarte des Restaurants „Zur Burgaue“, einfarbige Lithografie, gelaufen 1896.**

Das **Restaurant „Zur Burgaue“** hat eine lange Geschichte. Das Haupthaus mit Putz-Klinker-Fassade und Fachwerk-Obergeschoss entstand 1889 im Landhausstil. Bald standen den Gästen neben einem 9000 m² großen parkähnlichen Garten auch ein kleiner und ein großer Saal zu Verfügung. An drei Seiten schlossen sich Kolonnaden an, eine Sommerwohnung und Pensionszimmer konnten gemietet werden. Das Jahrzehnte später lange leer stehende Anwesen wird seit 2009 liebevoll restauriert und als Künstlerresidenz, Eventlocation und Ausflugslokal entwickelt. In der Sommerzeit ist u. a. ein Biergartenhaus und eine Streuobstliegewiese in Nutzung. Im Saal mit den rekonstruierten Kolonnaden laufen ganzjährig Veranstaltungen.

Das Restaurant „Zur Burgaue“ mit Bier- und Spielgarten, Kleinem und Großem Saal und dem Hinweis auf die Lage am Waldweg nach Leipzig. Die Karte lief 1897.

Gruß aus der „Burgaue“ Leutzsch von 1900 mit der Ansicht des Etablissements vom Bahnhof aus.

Ansicht des Haupthauses der „Burgaue" von der heutigen Gustav-Esche-Straße aus und der Biergarten mit Kolonnaden. Die Karte lief 1906.

Künstleransichtspostkarte mit Abendstimmung am Restaurant „Burgaue". Die Karte lief 1908.

Der Gasthof „Ritterschlösschen“ lag auf Barnecker Flur am Auftakt der heutigen Leipziger Straße, Ecke Am Ritterschlösschen (Ruine Haupthaus noch vorhanden). Die Karte lief 1905.

Gasthof „Ritterschlösschen“ mit Haltestelle der Straßenbahn vorm Haus, Ballsaal und Garten. Die Karte lief 1910. Das Gasthaus wurde bereits in den 1930er Jahren geschlossen nachdem es einige Jahre als Heim der „Interessengemeinschaft für Arbeiterkultur“ gedient hatte. Nach 1945 wurde es als Wohnhaus genutzt.

Das Restaurant „Zum wilden Mann“ befand sich etwa 500 Meter östlich vom Bahnhof Leutzsch am beschrankten Bahnübergang im Forstrevier „Wilder Mann“. Von hier waren es nochmals 500 Meter bis zur „Großen Eiche“. Die wohl 1905 erschienene Karte lief 1917.

Gruß von der „Großen Eiche“ im Leutzscher Holz, 1898. Der Baum stand südlich des Bogens der Luppe (heute Alte Luppe), dort, wo der Fluss seine Fließrichtung von Nordwesten nach Westen ändert.

Im Leutzscher Holz war die **„Große Eiche“**, auch „Königseiche“ ein beliebtes Ziel für Ausflügler. Die Stileiche maß 1914 38,5 Meter Höhe und hatte einen Meter über dem Boden einen Stammdurchmesser von 2,7 Metern. Am 18. Mai 1809 soll der sächsische König Friedrich August unter ihrem Kronendach gerastet haben, woran ab 1827 ein vom Leipziger Ratsbaumeister Vollsack initiierter Gedenkstein neben dem Baum erinnerte. Bereits 1918 zeigte sich dieser bis auf einen einzigen belaubten Ast durchweg verdorrt. Am 15. März 1923 fiel er schließlich in sich zusammen. Von Rotfäule befallen, war er unmittelbar über dem Boden abgebrochen. Es gibt Hinweise, dass er zu diesem Zeitpunkt 753 Jahre alt gewesen sein könnte.

Der Leipziger Schützenhof mit Gastronomie lag östlich des Coburger Wassers auf den Frankfurter Wiesen und bot als Tor zum Auwald reichlich Gelegenheit zum Flanieren im Umfeld. Die Karte lief 1905.

Flanier-Allee zwischen Allee-Brückchen und Schützenhof, um 1900

Das „Neue Schützenhaus“ samt Schützenhof wurde 1867 auf den Frankfurter Wiesen an dem quer über die Wiesen verlaufenden Leutzscher Weg, nahe dem über das Coburger Wasser führenden „Verschlossenen Brückchen“, errichtet – komplett auf Leipziger Flur. Es bot eine große Restauration mit Biergarten und war für Ausflügler willkommene Zwischenstation auf dem Weg von Leipzig in die Burgaue. Das „alte“ Schützenhaus der Leipziger Schützengesellschaft hatte sich zuvor in der Ostvorstadt befunden. Mit der fortschreitenden Bebauung dort sahen sich die Schützen allerdings zum Umzug genötigt. Wegen des Baus des Elsterbeckens (1913–1925) musste das „Neue Schützenhaus“ aber bereits 1913 wieder abgerissen werden und die Schützen sahen sich erneut zum Umzug genötigt. Sie fanden ihr neues Domizil (heute Hans-Driesch-Straße 2b) wenige Meter weiter nordwestlich nahe dem „Alleebrückchen“ über die Kleine Luppe. Zwische 1919 und 1922 entstand hier der noch heute bestehende Schützenhof mit Schießanlagen und dem „Schweizer Haus“ als Gasthaus, umgeben von einem großen Biergarten.

Gruss aus Leutzsch
Blick vom Wasserturm
WASSER ALLEIN TUTS FREILICH NICHT

TURMBLICKE

Blick vom Wasserturm Richtung Osten, im Vordergrund das 1900 fertiggestellte Eckhaus Hans-Driesch-Straße 52, dahinter die 1896 errichtete Turnhalle. An der Sattelhofstraße ist der erste Erweiterungsbau der Schule von 1901 zu erkennen. Die Karte lief 1912.

linke Seite: Auf dem Wasserturm Leutzsch mit Blick auf das 1904 eingeweihte Rathaus. Die von Friedrich Stoye aus Leutzsch herausgegebene Karte lief 1920.

Blick vom Wasserturm Richtung Kirche, im Vordergrund die Rückmarsdorfer Straße. Das Rathaus ist noch nicht errichtet. Die Karte lief 1908 und wurde wie die Karte oben von Schumann & Pommer, Leutzsch, herausgegeben.

**Höhenpunkte** bieten Vogelperspektiven und damit einen besseren Überblick. In Leutzsch dienten Kirch- und Rathausturm, Schule und Mietshäuser als solche. Der am 1. Juni 1903 in Betrieb genommene 45 Meter hohe Wasserturm an der heutigen Hans-Driesch-Straße westlich des Friedhofs überragte jedoch alle. Er entstand nach Plänen des Dresdner Bauingenieurs Curt Dachsel, ausgeführt von der Stahlbaufirma August Klönne aus Dortmund. Auf einem sich nach oben verjüngenden offenen Stahlgerüst saß der 300 $m^3$ fassende Wasserbehälter der Bauart Barkhausen (Kugelbodenbehälter). Ein Jahr später entstand in Groitzsch ein baugleicher Turm, welcher heute noch in Betrieb ist. Das Leutzscher Exemplar musste dagegen der am 28. Juli 1969 eröffneten Volksschwimmhalle weichen.

Das Rathaus Leutzsch vor seiner Fertigstellung mit fiktiver Umbauung und der Blick von der heutigen Georg-Schwarz-Straße in die Lindenstraße (heute Am langen Felde) mit dem 1898 errichteten Doppelmietshaus Nr. 1/3 links im Vordergrund und der dahinter liegenden 1901/02 nach Plänen

Das 1887/88 nach Plänen von Stadtbaurat Hugo Licht errichtete Forsthaus Burgaue (Gustav-Esche-Straße 2) und der Blick von der Georg-Schwarz-Straße (gleicher Standorts wie Karte auf S. 40) in Richtung Wasserturm, links das 1856 errichtete Landwaisenhaus (ehemals Georg-Schwarz-Straße 95), dahinter die 1901 eröffnete Anlage der Weinberggärten. Die von der Buchdruckerei Bruno

Die 1902 nach Plänen des Architekten Julius Zeißig errichtete Villa für Anton Mädler, Mitinhaber der Koffer- und Lederwarenfabrik Moritz Mädler, Hans-Driesch-Straße 2 (Blick von Norden mit Teich). Oben der Blick vom Wasserturm nach Norden in Richtung Kirche. Das Rathaus ist noch nicht erbaut, rechts unten ist die Bebauung an der Rückmarsdorfer Straße, im Hintergrund sind die Gebäude des Sattelhofes erkennbar. Die von der Buchdruckerei Bruno Küchler aus Leutzsch herausgegebene Karte erschien vor 1903.

**Der um 1902 erschienene „Gruß aus Leutsch" zeigt neben dem 1786 errichteten Herrenhaus des Gutes Barneck (Gutshofstraße 13 in Böhlitz-Ehrenberg) und einem Waldweg bei Leutzsch im oberen Teil den Blick in die Bahnhofstraße (heute Rathenaustraße), rechts die imposante, 1897 für Curt Thorer erbaute Villa Rathenaustraße 40. Von 1953 bis 1985 war hier die Fachschule für Bibliothekare „Erich Weinert" untergebracht, seit 1992 nutzt das Verwaltungsgericht Leipzig das Gebäude.**

**Die um 1902 bei Franz Schumann, Leutzsch, erschienene Karte zeigt den Blick vom Schulgebäude zur Kirche. Im Vordergrund steht noch die Kinderbewahranstalt, untergebracht in einem ehemaligen Gesindehaus des Sattelhofes. 1903/04 wurde die Ecke mit dem Leutzscher Rathaus überbaut.**

Der reiche Ansichtskartensegen selbst für Vororte einer Großstadt wie Leipzig war der Existenz vieler, untereinander konkurrierender **Ansichtskartenverlage** geschuldet. Leipzig war am Ende des 19. Jahrhunderts mit seinem sehr gut aufgestellten grafischen Gewerbe innerhalb weniger Jahre zum wichtigsten Zentrum der Ansichtskartenherstellung in Europa aufgestiegen. Eine Erhebung unter Sammlern für das bei Pro Leipzig erschienene Buch „Bilderbogen. Leipziger Ansichtskartenserien 1895 bis 1945“ ergab, dass allein bis 1945 mehr als 540 Druckereien und Verlage in und um Leipzig – vom Großunternehmen bis hin zum „Küchentischverlag“ – Ansichtskarten produzierten oder herausgaben. Für etablierte Kunstanstalten und Verlage wie Bruno Bürger & Ottilie, Meißner & Buch, Emil Pinkau, C. G. Röder, Carl Garte, Fischer & Wittig, Karl Fickenscher, Dr. Trenkler & Co. oder Trinks & Co. bildeten regionale Grenzen, selbst Länder- oder Kontinentgrenzen keine Barrieren. Ein Gang durch ihre Lager war für Beobachter wie eine Weltreise. Ein Teil der „Großen“ gab hin und wieder auch Leutzscher Motive heraus. Besonders das einträgliche Geschäft mit den Ausflugsgaststätten in der Zeit der Lithografien reklamierten sie für sich, aber auch die Arbeit mit eigenen Fotografen verschaffte Vorteile gegenüber kleinen Verlagen. Dennoch erschien eine beachtliche Zahl von Karten auch direkt in Leutzsch. Anfangs waren es vor allem Franz Schumann bzw. Schumann & Pommer, die Buchdruckerei Bruno Küchler und der Verlag Ballin & Töpfer, die Leutzscher Motive in höchster Qualität verlegten. Hinzu kamen Schreibwarenhandlungen wie die von William Hundertmarck, von Clara Wallrodt oder Erich Biehl, Kleinstverlage wie die von Friedrich Stoye, Max Teich oder Paul Pretzsch und Photographische Kunstanstalten wie die von Franz Müller.

Blick vom Wasserturm in Richtung Kirche und auf das 1904 fertiggestellte Rathaus Leutzsch. Die Karte erschien um 1908 im Verlag Fritz Knobbe, Leipzig.

Wasserturm Leutzsch, 1903. Die Fläche vor dem Wasserturm wurde später parkähnlich gestaltet. Eine „Jahn-Eiche", eine „Schiller-Linde" und der Apelstein Nr. 24 zierten den Platz.

Blick vom Wasserturm, im Vordergrund die Benediktusstraße mit dem Eckhaus Hans-Driesch-Straße 52, neben dem Rathaus Leutzsch sind auch die um 1910 erbauten Mietshäuser Georg-Schwarz-Straße 136 und 138 zu erkennen, die Schulerweiterung an der Sattelhofstraße von 1906 ist abgebildet wie auch die um 1905 errichteten Mietshäuser Sattelhofstraße 4/6 bzw. die Eckbebauung Sattelhofstraße 8/Benediktusstraße 5. Die Karte erschien um 1911.

Blick vom Kirchturm in Richtung Rathenaustraße, rechts das 1889 errichtete Mietshaus Rathenaustraße 1 (mit Werbung für das nebenan liegende Restaurant „Wartburg"), links davon die Villen Rathenaustraße 6 (verdeckt, um 1890), 8 (1896/97) und 14 (1899) und noch vorhandene dörfliche Bebauung.
Die Karte von Karl Fickenscher, Leipzig, lief 1916.

Blick von dem um 1890 errichteten Mietshaus Am Wasserschloss 12 Richtung Kirche mit den noch vorhandenen Bauerngütern links und rechts der heutigen Hans-Driesch-Straße. Das Gut an der Ecke zur Kirchstraße gegenüber der Kirche wurde 1905 abgerissen. Das Gut links unten im Bild stand noch 1932. Die Karte des Verlages von Reinhold Knobbe, Leipzig, erschien um 1904.

Bis Mitte der 1920er Jahre wurden zur Wiedergabe von Fotografien auf Ansichtskarten vor allem **Lichtdrucke,** teilweise auch Bromsilberdrucke verwendet. Beim Lichtdruck findet als Träger der Druckform eine etwa 10 mm dicke, matt geätzte Glasplatte Verwendung. Auf ihr wird eine lichtempfindliche Emulsion aus Chromatgelatine aufgebracht und getrocknet. Anschließend wird ein fotografisches Halbton-Negativ auf die Platte belichtet. Die auftreffende Lichtmenge bestimmt den Aushärtungsgrad der Gelatine und dann beim Druck den entsprechenden Tonwert. Typisch für Lichtdruckkarten ist das unter der Lupe erkennbare sogenannte Runzelkorn. Bei den später im Offsetdruck hergestellten Fotokarten ist dagegen ein Raster der Druckpunkte erkennbar.

Blick von der Rathenaustraße 1 in die Rathenaustraße, rechts die Villen Nr. 6 und 8. Die Karte erschien im Verlag Fritz Knobbe, Leipzig, 1912.

Partie an der Bahnhofstraße (Rathenaustraße), mit den Villen Rathenaustraße 14 und 16. Die Karte erschien im Verlag Reinhold Knobbe, Leipzig, und lief 1904.

VOM DORF ZUM STADTTEIL

Blick zur Kirche an der heutigen Hans-Driesch-Straße vor 1905. Die Karte erschien im Verlag von G. Friedrich, Leipzig.

linke Seite: Blick auf die Kirche und den Abzweig der Kirchstraße (heute Teil der William-Zipperer-Straße). Die 1930 gelaufene Karte erschien im Verlag von William Hundertmarck, Leutzsch.

Kirche und Auftakt der Kirchstraße (heute Teil der William-Zipperer-Straße). Die 1926 gelaufene Karte erschien im Verlag von Fischer & Wittig, Leipzig.

Das 1922 nach Plänen des Leipziger Architekten Josef Hesse errichtete Kirchgemeindehaus an der Kirchstraße (heute William-Zipperer-Straße 149), um 1930.

Dorfplatz mit Kirche vom ehemaligen Sattelhof aus gesehen, Verlag Ballin & Töpfer, Leipzig-Leutzsch, um 1930.

Blick von der Kirchstraße (William-Zipperer-Straße) auf den Haupteingang der Kirche und die 1753 errichtete Pfarrscheune. Der Name „Laurentiuskirche“ wurde erst 1932 wieder aufgenommen, nachdem er seit dem 16. Jahrhundert in Vergessenheit geraten war. Die Karte erschien 1938.

Der Haupteingang der Kirche von Westen, links das Kirchgemeindehaus, 1933. Auf der Anschriftseite trägt die Karte folgenden Text: „Leipzig-Leutzsch; Kirche (ursprünglich) kleine Kapelle der Jungfrau Maria geweiht; 1397 am 10. Aug. zur Pfarrkirche erhoben. 1689 erhielt der Turm seine heutige Gestalt. 1890 Altar erneuert; Kirche vergrößert; neue Orgel eingebaut. Erster ev. Pfarrer war Brehme; erster ev. Kirchschullehrer u. Küster hieß Junghans.“

Restaurant „Wartburg“, einst Rathausstraße 2, dann Leipziger Straße 34, heute Hans-Driesch-Straße 34. Die 1929 gelaufene Karte gab Emil Lehmann, Lindenau, heraus.

Das Gebäude des Restaurants „Wartburg“ entstand bereits um 1860. Der Ausbau zum Restaurant mit Kegelbahn und Kolonnaden erfolgte wohl erst um 1883. Die Karte lief 1915.

Die heutige Hans-Driesch-Straße 34 mit dem Restaurant „Wartburg“, den angrenzenden, nach Plänen des Leipziger Architekten Emil Franz Hänsel errichteten Häusern (Nr. 36, 1909 erbaut) und Nr. 38, 1911 erbaut) und der Kirche. Die Karte lief 1936.

Werbetext auf der Anschriftseite: „Wartburg-Leutzsch, Leipzigerstr. 34; Verbandskegelbahn, Großer, schatt. Garten, Kolonnaden für 100 und 200 Personen, Straßenbahnhaltestelle 17, 19“. Die Karte lief 1934. Das Restaurant hatte noch bis etwa 1945 geöffnet, danach nutzte die Beerdigunganstalt Böttge das Haus.

Die Klempnerei Gustav Gerth, Rathenaustraße 1, wurde 1907 gegründet und blieb bis etwa ins Jahr 2000 am Standort. Danach zog der Handwerksbetrieb in das gegenüberliegende Haus Hans-Driesch-Straße 32 und arbeitet heute bereits in 5. Generation. Die Karten erschienen um 1916 und um 1925.

Der Wirt des „Auenschlösschens“ Otto Scheibe empfing um 1917 seine Gäste u. a. in einem schattigen Garten mit Kolonnaden. Das Lokal lag an der Leipziger Straße 13 (heute Hans-Driesch-Straße 20).

Das Café und Gesellschaftshaus „Auenschlösschen“, Besitzer Edwin Walter, Leipziger Straße 13 (heute Hans-Driesch-Straße 20) lockte um 1930 seine Gäste mit Bier aus der Plagwitzer Naumann-Brauerei, „guter Küche“ und „civilen Preisen“. An Stelle des abgerissenen Gebäudes steht heute ein Neubau mit Sport-, Gesundheits- und Naturheilpraxis.

**Rathaus Leutzsch, um 1905. Die Karte erschien im Verlag der Schreibwarenhandlung von G. Wallrodt, Leutzsch.**

Der Leutzscher Gemeinderat beschloss 1902 den Bau des repräsentativen **Leutzscher Rathauses,** platziert am Schnittpunkt der wichtigsten Straßen der sich augenfällig verstädternden Landgemeinde. Eine Ausschreibung unter Leipziger Architekten brachte erste Entwürfe, die aber den Gemeinderat nicht überzeugten. Sie beauftragten Oberbauinspektor Paul Rudert unter Nutzung der angekauften Entwürfe, einen neuen Entwurf vorzulegen, welcher schließlich realisiert wurde. Am 5. Juni 1904 konnte der reich gegliederte Neorenaissance-Bau mit Eckturm eingeweiht werden. Neben der Gemeindeverwaltung kamen u.a. die Polizeiwache und die Sparkasse im Gebäude unter.

Blick aus der heutigen Hans-Driesch-Straße auf Rathaus und Kirche, rechts (angeschitten) das Schulgebäude. Die 1926 gelaufene Karte erschien im Verlag von Ballin & Töpfer, Leipzig-Leutzsch.

Kreuzung Leipziger Straße/Friedrich-Ebert-Straße (heute Hans-Driesch-Straße/Georg-Schwarz-Straße). Die Karte erschien um 1926 bei Karl Fickenscher, Leipzig.

Gemeindesiegelmarke mit dem Wappen derer von Lindenau (links) und das 1902 eingeführte neue Gemeindewappen auf einer Siegelmarke.

Die Verwendung von Familienwappen in Gemeindewappen – wie in Leutzsch der Fall – war seit 1890 untersagt. Das Wappen derer von Leutzsch zeigt auf grünem Schild eine Linde mit Wurzeln und zwei fünfblättrige Rosen, dazu das Oberwappen aus Helm, Helmzier und Helmdecke. Das dann erst 1902 eingeführte neue **Gemeindesiegel** zeigte eine Linde mit zwei Sternen. An der Rathausfassade fand 1904 wiederum das Wappen der Familie von Leutzsch Verwendung.

Blick auf das Rathaus von der Rückmarsdorfer Straße aus, um 1906.

Rathaus Leutzsch mit den anschließenden, um 1910 erbauten Mietshäusern Georg-Schwarz-Straße 138 und 136.

Rathaus und „Auen-Apotheke“ im Erdgeschoss des Nachbarhauses Georg-Schwarz-Straße 138, um 1910.

Inneneinrichtung der alten „Auen-Apotheke“ vor ihrem Umzug in die Georg-Schwarz-Straße 138, vor 1910.

Das Schulgebäude Georg-Schwarz-Straße 113 (hier Ansicht von der Sattelhofstraße aus) entstand in zwei Bauphasen: 1901 der nördliche Flügel, 1906 folgte die Erweiterung um den Mittelbau und den südlichen Flügel. Die um 1925 erschienene Karte der damaligen 57. Volksschule erschien im Schreibwarengeschäft von G. Wallrodt in Leutzsch.

Leipziger Straße (heute Hans-Driesch-Straße) mit der 1894 erbauten Turnhalle des Turnvereins zu Leutzsch, der 1906 erbauten Schulturnhalle und der 1881 erbauten Schule. Die Karte aus dem Verlag von Clara Wallroth, Leutzsch, lief 1908.

Erinnerung an das fünfzigjährige Jubiläum der Gründung des Turnvereins zu Leutzsch im Jahre 1861. Abgebildet sind die alte Turnhalle und die 1894 an der heutigen Hans-Driesch-Straße errichtete Turnhalle, 1911.

Reigenmannschaft des Radfahrer-Vereins Leutzsch, um 1910.

Schülerwerkstatt des Knabenhortes zu Leutzsch, um 1910.

Sattelhofstraße mit der 1901 und 1906 entstandenen Schule. Links das um 1905 entstandene Doppelmietshaus Nr. 4/6. Die Karte lief 1933. Druck und Verlag erfolgten bei Fischer & Wittig, Leipzig.

Blick vom Rathaus in die Leipziger Straße (heute Hans-Driesch-Straße) mit dem um 1910 errichteten Eckgebäude Rückmarsdorfer Straße 1. Die Karte lief 1931.

Rathausstraße, ab 1934 Graf-Spee-Straße, heute Hans-Driesch-Straße mit der Gastwirtschaft „Zum Wasserturm“ in dem um 1915 errichteten Haus Nr. 79, links der Wasserturm der Farbenfabrik Springer & Möller, Hans-Driesch-Straße 54. Die Karte aus dem Verlag Karl Cramer, Leipzig, lief 1928.

Teil der 1929–1931 errichteten Wohnanlage Hans-Driesch-Straße 45–51, mit Benediktusstraße 2 (1928 errichtet, links im Bild) und Wohlgemuthstraße 14. Die Karte lief 1938.

Gemeinde-Volksbad Rückmarsdorfer Straße 5 (durch Neubau ersetzt). Die von Max Teich, Leutzsch, herausgegebene Karte lief 1905.

Junkers-Luftbild-Karte, um 1932, unten rechts die Rückmarsdorfer Straße 7. Der Blick fällt auf das gewerblich genutzte Dreieck zwischen Rückmarsdorfer Straße und Georg-Schwarz-Straße (seit 2022 befindet sich hier das Seniorendomizil „Am Stadtplatz").

Straßenbahnwagenführer und Angestellte des 1907/08 erbauten Leutzscher Straßenbahndepots, Rathenaustraße 23a, Fotokarte der Photogr. Kunstanstalt Franz Müller, Leutzsch.

Ihr Haar
pflegen wir vollendet

Die modernen Einrichtungen ermöglichen es, Sie ganz nach Ihrem Wunsch, gewissenhaft und exakt zu bedienen. Schöne und behagliche Räume machen Ihnen den Aufenthalt stets angenehm.

SALON Schottmann
im Rathaus Leutzsch

Wir beraten Sie gern

beim Einkauf von

**Parfümerien und Toiletteartikeln**

und unterhalten darin ein erprobtes auswahlreiches Lager

Alleinverkauf für Leutzsch

der kräuter-kosmetischen

**Chlorophyll-Präparate**
**Charlotte Meentzen**

für Gesichts- und Körperpflege

Erich Schottmann, Friseurmeister
für Damen und Herren

Fernruf 46294

Die Straßenbahn-Verkehrszeiten
ab Rathaus Leutzsch

Die Straßenbahnlinien 13, 17, 18, 25 und 27 verkehren zu den nachstehend angegebenen Zeiten ab Rathaus Leutzsch stadteinwärts und nach den westlichen Endstationen

**13**

**Nach Taucha** (W. u. S.)
4.14 4.44 5.10 5.30 5.45 5.59
6.00—21.00 14 29 44 59
22.14 22.29 22.44 23.04 23.24 23.44
0.14 0.56 1.56 2.56 3.56 (bisHbf.)

**Nach Böhlitz-Ehrenberg** (W. u. S.)
5.14 5.34 5.54 6.14 6.31 6.46
7.00—22.00 01 16 31 46
23.01 23.16 23.31 23.51
0.11 0.41 1.11 1.54 2.54 3.54

**18**

**Nach Probstheida** (W. u. S)
4.28 4.48 5.05 5.22 5.37 5.52
6.00—21.00 07 22 37 52
22.07 22.22 22.37 22,54 23.14 23.34
[23.59

**Nach Bahnhof Leutzsch** (W. u. S.)
5.03 5.25 5.45 6.05 6.23 6.38
[6.53
7.00—22.00 08 23 38 53
23.08 23.23 23.42 0.02 0.22 0.52

III-18-155 Lp 6595/54 Foto Johanna Hilse

**17**

**Nach Schönefeld** (W. u. S.)
4.20 4.40 5.00 5.17 5.32 5.47
6.00—21.00 02 17 32 47
22.02 22.17 22.32 22.49 23.09 23.29
23.49 0.19 1.04 2.04 3.04 (bisHbf.)

**Nach Bahnhof Leutzsch** (W. u. S.)
4.44 5.08 5.28 5.48 6.08 6.28
6.43 6.58
7.00—22.00 13 28 43 58
23.13 23.28 23.46
0 06 0.36 1.06 1.50 2.50 3.50
[4.01

**27**

**Nach Schönefeld** (W. u. S.)
5.25 5.40 5.55 6.10 6.25 6.40
[6.55
7.00—18.00 10 25 40 55
19.10

**Nach Philipp-Reis-Straße** (W. u. S.)
5.40 6.00 6.20 6.36 6.51
7.00—17.00 06 21 36 51
18.06 18.21 18.36 18.51

**Linie 27 Sonntagsverkehr** siehe letzte Spalte Fuß.

**25**

**Nach Liebertwolkwitz** (W.)
6.08 6.23
6.38 6.53 7.08 7.23 (nur bis Probsth.)
16.08 16.23 16.38 16.53 17.08
17.23 17.38 17.53 (nur bis Probstheida)

**Nach Philipp-Reis-Straße** (W.)
5.45 6.05 6.25 6.41 6.56 7.15
7.26 7.41
16.41 16.56 17.11 17.26 17.41 17.56

**Nach Liebertwolkwitz** (Sonnabends mittag)
12.08 12.23 12.38 12.53 13.08 13.23
[13.38
13.53 14.08 (nur bis Probstheida)

**Nach Philipp-Reis-Straße** (Sonnabends mittag)
12.56 13.11 13.26 13.41 13.56 14.11
[14.26

**Linie 27 Sonntagsverkehr:**
Sonntags verkehrt Linie 27 erst ab 12.25 nach Schönefeld, dann weiter wie Werktags; 12.51 nach Philipp-Reis-Straße, dann weiter wie Werktags.

Der Friseursalon von Erich Schottmann gab 1954 ein kleines Faltblatt zur Eigenwerbung mit den Straßenbahnverkehrszeiten ab Rathaus Leutzsch heraus.

Text auf der Anschriftseite: „1915; Leipzig im Weltkrieg 1914–15. Die Frauen im Dienste der Straßenbahn“, Verlag Karl Cramer, Leipzig.

Die Linie L (ab 1918 Nummer 17), verkehrte zwischen Leutzsch und dem „Tauchaer Tor“. Die Karte gab Karl Fickenscher um 1915 heraus.

oben: Personenzugkarte, ausgestellt am Bahnhof Leutzsch, ca. 1970er Jahre.

Bahnhof Leutzsch und der vordere Teil der Bahnhofstraße (Rathenaustraße), um 1920, Verlag Reinhold Knobbe, Leipzig.

Bahnhof Leutzsch mit dem 1883 errichteten Eisenbahnerwohnhaus (rechts), dem Empfangsgebäude (erbaut 1856), dem Stellwerk (erbaut 1905/06) und dem Wasserturm im Hintergrund (erbaut 1881/82). Die Karte erschien in der Buchhandlung von William Hundertmarck, Leutzsch, um 1910.

Belegschaft des Bahnhofs Leutzsch, 1904.

Blick in die Georg-Schwarz-Straße stadtauswärts, rechts die Umfriedung der Kirche, links befindet sich heute das Seniorendomizil am Stadtplatz, um 1920.

Die Firma Rieger-Wagenbau, der Friseur Schröter und eine Hausschlachterei mit Kolonialwaren und Delikatessen firmierten in der Hauptstraße 14 (heute Brache Georg-Schwarz-Straße 127/129), 1911. Der Text auf der Anschriftseite dieser Fotokarte lautet: „Platten bleiben für Nachbestellungen aufbewahrt; Phot. Kunstanstalt A. Winckler; Kleinzschocher; Altranstädter Straße 10".

Das 1908/09 errichtete Eckhaus (Georg-Schwarz-Straße 147) am Kreuzungspunkt der ehemaligen Barnecker Straße und der Weststraße (Bischofstraße). Die Karte lief 1912.

Blick in die Hauptstraße (Georg-Schwarz-Straße) stadtauswärts, rechts die um 1900 erbaute Georg-Schwarz-Straße 150, daneben die Dampfdrechslerei und Holzbearbeitungsfabrik Wilhelm Erhard (ehemals Hauptstraße 7 und kurz darauf, wie auch Nrn. 5 und 3 mit Mietshäusern überbaut). Die Karte lief 1902, könnte aber bereits um 1900 erschienen sein.

Blick in die Barnecker Straße, heute Georg-Schwarz-Straße, rechts das um 1900 erbaute Eckhaus Georg-Schwarz-Straße 176, Ecke Pfingstweide.
Die Karte lief 1930.

Restaurant „Weststern", Georg-Schwarz-Straße 179, Ecke Franz-Flemming-Straße.
Die Karte lief 1914.

Das Weißwarengeschäft von Minna Panzer, in der um 1900 errichteten Barnecker Straße 32, heute Georg-Schwarz-Straße 194, Ecke Blüthnerstraße, um 1920.

Das um 1905 errichtete Doppelmietshaus Georg-Schwarz-Straße 204/ Karl-Schurz-Straße 41, um 1907.

**Photobrom- und Chromobrom-Postkarten** wurden auf maschinellem Wege hergestellt. Die 1903 gegründete Firma Aristophot für photographischen Maschinendruck in Taucha beschreibt das von ihr angewendete Kilometerverfahren so: „Die fertigen Negative werden in einer Gesamtbreite von 60 cm automatisch elektrisch belichtet; eine Bahn von Bromsilberpapier bewegt sich automatisch über Rollen und dann, nachdem die Kopien fertig sind, in Säure- und Wasserbäder und hängt sich automatisch in dem ungefähr 60 m langen Trockenraum auf. Auf diese Weise werden an einem Tage mit vier Maschinen vier Kilometer Postkarten erzeugt." Ähnlich arbeitete auch die Bromsilber-Postkartenfabrik „Bromophot" in Kleinzschocher und der Bromsilber-Postkarten-Verlag in Stötteritz.

Blick in die Lindenauer Straße (William-Zipperer-Straße) zum „Alten Gasthof“, links das um 1895 errichtete Eckhaus Landwaisenhausstraße 9, rechts die um 1900 errichtete William-Zipperer-Straße 126. Die Karte gab Max Teich aus Leutzsch um 1910 heraus.

Mit dem neuen Besitzer Emil Schäfer firmierte der „Alte Gasthof“, Lindenauer Straße 2 (William-Zipperer-Straße 133, abgerissen, heute Teil des Parks am Wasserschlossgelände) unter „Schäfer`s Ball-Haus“. Die Karte lief 1928.

Noch vorhandene dörfliche Bebauung in der Lindenauer Straße (William-Zipperer-Straße) nahe dem Abzweig der Landwaisenhausstraße. 1910 (Landwaisenhausstraße 12) und 1912 (William-Zipperer-Straße 123) wurden die alten Häuser links im Bild überbaut.
Die Karte lief 1904.

Der Delikatessenladen von August Schröder, in der um 1890 errichteten Lindenauer Straße 3, heute William-Zipperer-Straße 134.
Die Fotokarte der „Leipziger Bromsilber-Postk.-Fabrik BROMOPHOT; H. Jahn; L.-Kl. Zschocher; Bahnhofstraße 4“, erschien um 1910.

Lindenauer Straße (William-Zipperer-Straße) vor der Kreuzung Ellernweg, links das 1898 erbaute dreigeschossige Mietshaus William-Zipperer-Straße 105, um 1910.

Lindenauer Straße (William-Zipperer-Straße), links im Bild das Restaurant und Ballhaus „Schwarzer Jäger“ (William-Zipperer-Straße 111, im November 2008 abgerissen) und das um 1900 errichtete Mietshaus William-Zipperer-Straße 113. Die von Max Teich, Leutzsch, herausgegebene Karte lief 1906.

Gruß aus dem „Schwarzen Jäger“, um 1920. Die Anschriftseite vermerkt zudem: „Bes. Ernst Diecke, Lindenauerstraße 24; Phot. und Verlag Ernst Schleicher, Leipzig“.

Der „Schwarze Jäger“ mit Gasthaus, Biergarten und Ballsaal, um 1930.

Außenstelle des Konsumvereins Leipzig-Plagwitz und Umgebung in der 1898 erbauten Lindenauer Straße 30 (William-Zipperer-Straße 105), um 1910.

Das 1926 eingeweihte Vereinshaus des 1913 entstandenen Kleingartenvereins „Dahlie", Ellernweg 21.
Werbung auf der Anschriftseite: „Gartenverein Dahlie Leipzig-Leutzsch / Bewirtschafter Kurt Hümisch / gutgepflegte Biere und Weine sowie reichhaltige Speisekarte. Angenehmer Familienaufenthalt und jeden Mittwoch Kaffeekränzchen".
Die Karte lief 1940.

**Der Schneider Theodor Stendel und der Friseur Carl Sturm betrieben ihre Geschäfte in der um 1900 errichteten Lindenauer Straße 50 (William-Zipperer-Straße 85). Die 1909 gelaufene Fotokarte wurde in der „Leipziger Bromsilber-Postk.-Fabrik „Bromophot"; H. Jahn; L.-Kl. Zschocher; Bahnhofstraße 4", hergestellt.**

**Bebauung vermutlich an der Grenzstraße (Prießnitzstraße), um 1910.**

Fotografen oder Inhaber sogenannter Kunstanstalten zogen durch die Straßen und boten Bewohnern, Geschäftsleuten und Gastwirten an, ihr Haus, Geschäft oder Lokal zu fotografieren, um anschließend eine vereinbarte Mindeststückzahl an Fotokarten für den oder die Besteller anzufertigen. Die „Ausbeute" des Fotografen pro Objekt betrug oft wenige Mark. Bei Geschäftsinhabern und Gastwirten lohnten sich die Mühen dagegen schon eher, wenn ein- oder zweihundert Karten bestellt wurden. Nur in den wenigsten Fällen sind auf den Karten der jeweilige Fotograf oder die Kunstanstalt verzeichnet. Einzig die „Photogr. Kunstanstalt Oskar Winckler, Leipzig-Kleinzschocher, Altranstädter Str. 10" und der Leipziger Bromsilber-Postkartenverlag von R. Jahn in Stötteritz waren überregionale Anbieter auf diesem Gebiet. Selten sind Angaben zu den dargestellten Objekten vermerkt, was die heutige Zuordnung häufig erschwert. Die individuelle Note dieser Karten wird noch dadurch unterstrichen, dass sich fast immer die Hausbewohner, Geschäfts- und Lokalinhaber mit Familienangehörigen und Personal vor den Gebäuden postierten oder sich an den Fenstern zeigten.

Rathaus Leutzsch und Blick in die heutige Georg-Schwarz-Straße Richtung Lindenau. Die Karte lief 1914.

Porträt zweier Knaben, angefertigt vom Leutzscher Fotoatelier A. Lüttge, Hauptstraße 34 (Georg-Schwarz-Straße 107), um 1910.

Der Schreibwarenladen von Clara Wallroth in der um 1895 errichteten Sattelhofstraße 1, Ecke Hauptstraße (Georg-Schwarz-Straße), verlegte und verkaufte auch Ansichtskarten, um 1910.

Hauptstraße (Georg-Schwarz-Straße), rechts das Eckgebäude Sattelhofstraße 1, links der Garten des „Alten Gasthofes" mit Obstweinschänke (Georg-Schwarz-Straße 128), um 1925. Auch der neue Inhaber des Schreibwarenladens, Erich Biehl, gab Ansichtskarten heraus.

Sattler und Tapezierer Richard Grosse hatte sein Geschäft im 1890 errichteten Mietshaus Hauptstraße 78 (Georg-Schwarz-Straße 71), um 1910. Vermerk auf der Anschriftseite: „Platten bleiben für Nachbestellungen aufbewahrt; Phot. Kunstanstalt A. Winckler, Kleinzschocher, Altranstädter Straße 10".

Das 1905 fertiggestellte Gebäude in der Hauptstraße 73 (Georg-Schwarz-Straße 84) mit Adler-Drogerie. Bis 1908 war im Hinterhof die Fabrik für elektrische Apparate und Bedarfsartikel Högner & Weller ansässig. Die Einrichtung eines Kinematographischen Theaters kam 1909 wohl nicht zur Ausführung, wohl aber 1915 die Einrichtung einer Kaffeewirtschaft mit Spielbetrieb des „Leutzscher Volks-Theaters". Die Karte lief 1921.

Der Korbmacher Richard Scherner und der „Chokoladen- und Cacaoladen" B. Rambacher hatten ihre Geschäfte im 1902/03 errichteten Mietshaus Hauptstraße 45 (Georg-Schwarz-Str. 110). Die um 1910 erschienene Karte wurde in der Leipziger Bromsilber-Postkarten-Fabrik „Bromophot" in Kleinzschocher hergestellt.

Die Bäckerei Uibe, Leibnitzstraße 2 (Ellernweg), um 1908. Auf dem Grundstück und an der Georg-Schwarz-Straße 86 und 88 entstand zwischen 2020 und 2022 ein Neubau mit 51 Wohnungen.
Die Karte erschien um 1910.

Forsthaus Burgaue und Blick in die Bahnhofstraße (Rathenaustraße) nach Norden, rechts die 1897 errichtete Villa Rathenaustraße 40 (heute Verwaltungsgericht Leipzig), links die 1893 errichtete Villa Rathenaustraße 19. Die Karte lief 1918.

linke Seite: Die Villa Paul-Michael-Straße 6 entstand 1903/04 nach Plänen des Architekten Paul Möbius für den Fabrikbesitzer Friedrich Görke. Die Karte lief 1924.

Die Karte mit den Ansichten der Bahnhofstraße (Rathenaustraße) erschien im Verlag von Erich Biehl, Leutzsch, und lief 1915.

Die um 1895 erbaute Villa Rathenaustraße 36, 1901.

Rathenaustraße mit der 1897 für Curt Thorer erbauten Villa Rathenaustraße 40 (seit 1992 Sitz des Verwaltungsgerichts Leipzig).
Die Karte lief 1928.

Villa Zum Harfenacker 9, um 1905.
Die Karte lief 1938.

Schwesternheim der Berufsorganisation der Krankenpflegerinnen, Paul-Michael-Straße 15, um 1910.

Das 1914 errichtete Landhaus Hertz, Otto-Schmiedt-Straße 16, um 1930.

Gartenseite der Villa Otto-Schmiedt-Str. 41, erbaut um 1910 für den Fabrikanten Fritz Springer, Mitinhaber der Firma Springer & Möller. Die Karte lief 1943.

Die 1910/11 nach Plänen von Oskar Schade erbaute Villa König-Georg-Straße 14 (Karl-Schurz-Straße) diente bis Anfang der 1920er Jahre als Schwesternwohnheim der Berufsorganisation der Krankenpflegerinnen Deutschlands. Auch die auf Holzdestillations-Erzeugnisse und Holz-Verkohlung spezialisierte Firma Schlobach hatte ihren Geschäftssitz im Haus. Die Karte lief 1915.

Villa Otto-Schmiedt-Straße 4, erbaut um 1910 für Christian Möller, Mitinhaber der Firma Springer & Möller.

Villa Thorerstraße 5 (Paul-Michael-Straße), erbaut 1895 für Ernst Thorer. Die Karte lief 1920.

Villa Thorerstraße 4 (Paul-Michael-Straße), erbaut 1903 für die Verlagsbuchhändler-Familie Klinkhardt.

Landhaus Hans-Driesch-Straße 10, errichtet nach Plänen des Architekten Hermann Fischer. Er baute etliche Landhäuser vor allem in Raschwitz und Oetzsch (beides Markkleeberg). Die Karte lief 1926.

Villa Bülowstraße 5 (Pfingstweide), erbaut 1925 für den Buch- und Zeitschriftenhändler Friedrich Richard Fischer. Die Karte lief 1926 und enthielt „herzliche Grüße von unserem neuen Heim von Friedel mit Mann und Tochter“.

LICHT- UND KRAFTCENTRALE.
ANSICHT DES WERKES.
VERWALTUNGS-GEBÄUDE.
INNERES DER LICHT- UND KRAFTCENTRALE.
KÖRTING
&MATHIESEN
Aktiengesellschaft
Leutzsch b. Leipzig.

Franz-Flemming-Straße, Ecke Barnecker Straße (Georg-Schwarz-Straße) mit dem 1897 gebauten Verwaltungsgebäude (Franz-Flemming-Straße 45) und anschließenden Fabrikgebäuden der Firma Körting & Mathiesen.

linke Seite: Körting & Mathiesen AG, Franz-Flemming-Straße 41–43. Die Karte lief 1913.

Die als Teil der Körting & Mathiesen AG gegründeten Omega Werke Leipzig waren spezialisiert auf die Metallfaden-Lampen-Fabrikation. Das Werk Barnecker Str. 43 (Georg-Schwarz-Straße 185) wurde 1909/10 nach Plänen der Architekten Schmidt & Johlige errichtet. 1929 übernahm es die Photographische Fabrik Hoh & Hahne, später der VEB Polygraph Reprotechnik.

Deutsche Holzbearbeitungs-Maschinenfabrik
JACOBI & EICHHORN
LEIPZIG-LEUTZSCH
Spezialität
Holzbearbeitungs-Maschinen
nach den neuesten, hochvollkommenen teils mehrfach patentamtlich geschützten Modellen.
Prämiiert auf allen beschickten Ausstellungen
E/We.
BANK-KONTEN:
Allgemeine Deutsche Credit-Anstalt, Depositenkasse Leutzsch
Postscheckkonto 55033 Leipzig
TELEGRAMM-ADRESSE: JACOBI EICHHORN LEUTZSCH
BAHNSTATION: LEUTZSCH
Eigenes Gleis
FERNSPRECH-ANSCHLUSS
Nr. 43879
Straßenbahn-Verbindung: Linie 17, 18 und △-Linie
Haltestelle Rathaus Leutzsch
Leipzig-Leutzsch, den 11. November 1924
Eisenbahnstr. 25

Briefkopf der Deutschen Holzbearbeitungs-Maschinenfabrik Jacobi & Eichhorn, Eisenbahnstraße 25 (Franz-Flemming-Straße), 1924.

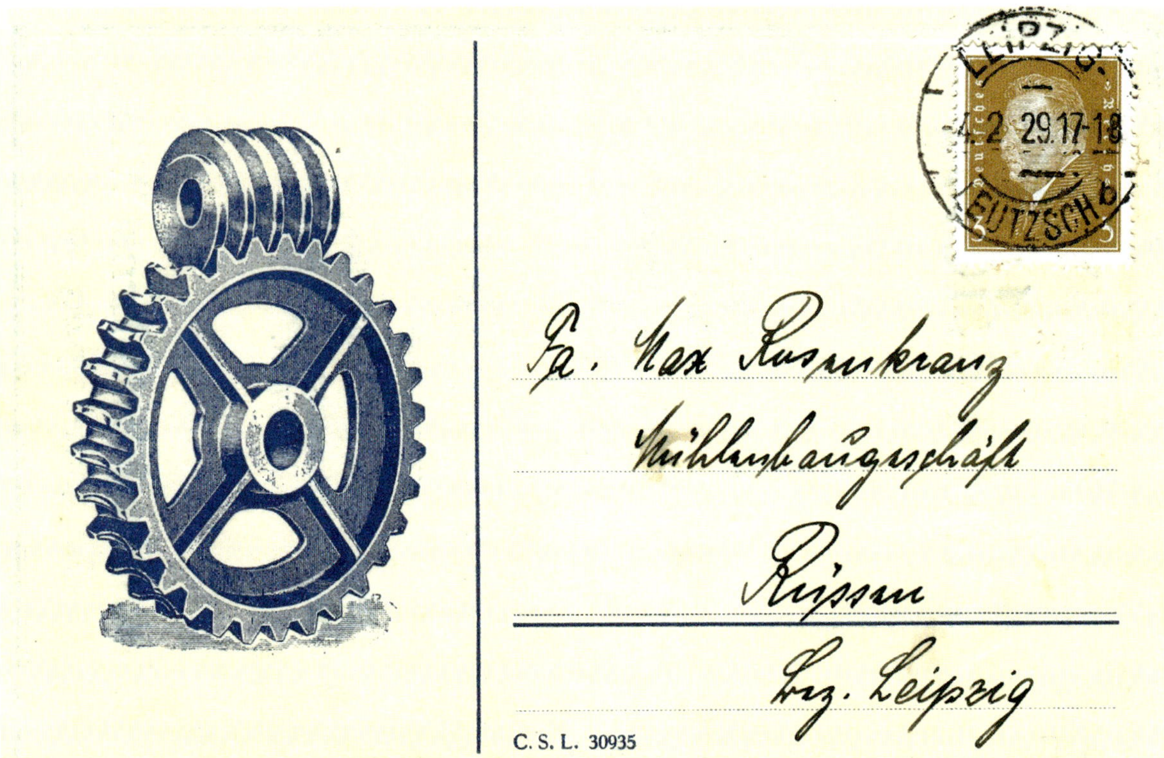


Postkarte der Zahnräderfabrik Ernst Wiese, Franz-Flemming-Straße 19, gelaufen 1929.

Geschäftspost der Farbenfabrik Springer & Möller, 1933 (oben), 1912 (u.l.) und 1921 (u.r.)

Oben: Briefumschlag der Firma Springer & Möller mit dem „Turm der Farbe" (Wasserturm), 1928; Werbeblatt in Nr. 5 der Hauszeitschrift von Springer & Möller, um 1927.

Briefköpfe der Firma Springer & Möller mit Ansichten der Werksteile, 1921 und 1935.

**Werbeblätter unter Verwendung von Druckfarben der Firma Springer & Möller, um 1927.**

Anzeige der Maschinen- und Armaturenfabrik Schumann & Co. mit den Werken Leutzsch (Franz-Flemming-Straße 5) und Plagwitz, 1913

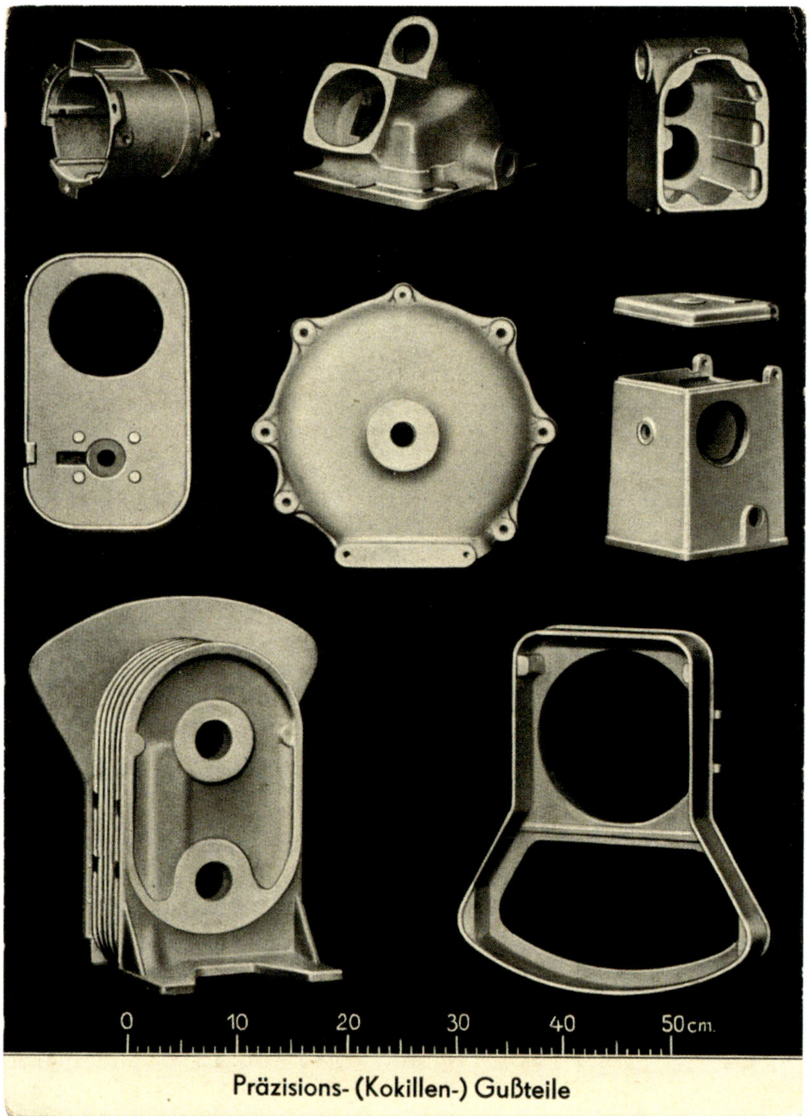


Werbekarte der Firma Schumann & Co., Gießerei Leutzsch, Franz-Flemming-Straße 5–7 mit Präzisions-Gussteilen, um 1930.

Postkarte der Stahl- und Eisengießerei Max. Jahn, 1923.

Briefkopf (1911) der Stahl- und Eisengießerei Max. Jahn, Barnecker Straße 39/41 (heute Brache Georg-Schwarz-Straße 181/183).

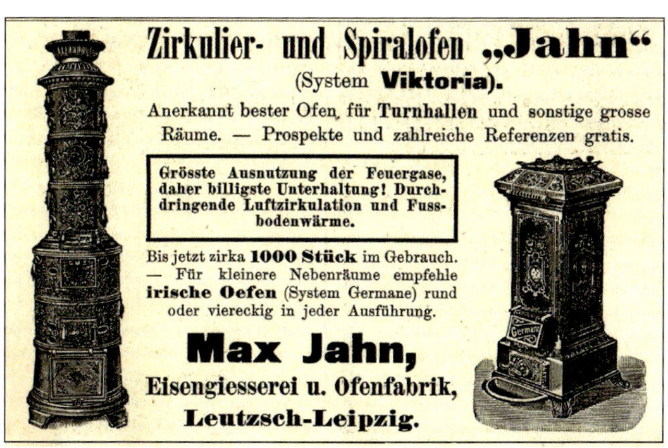

Die um 1890 errichtete Fabrikantenvilla der Eisengießerei Edmund Becker & Co., Junghanßstraße 1, um 1905.

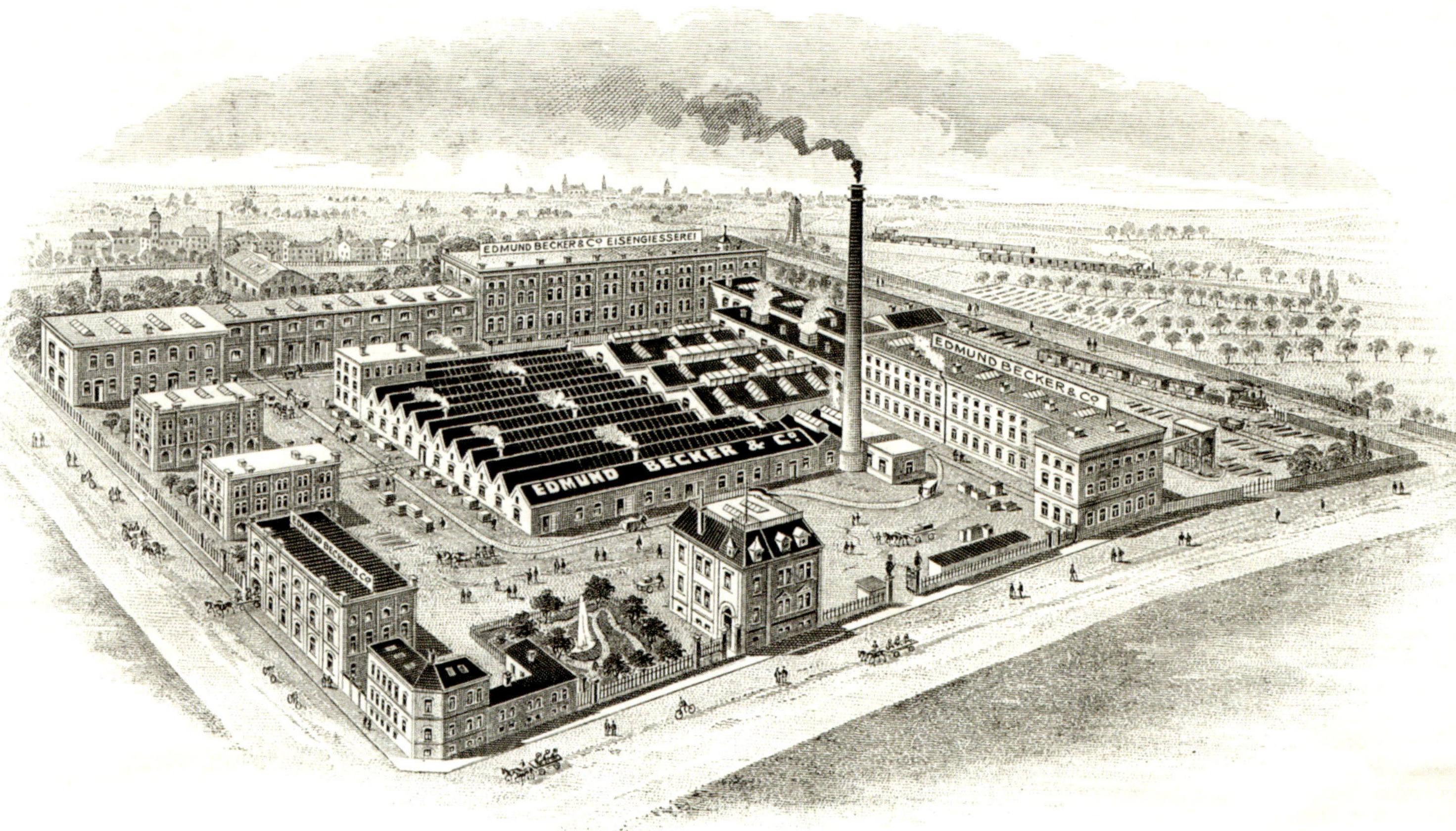


Ansicht der Eisengießerei Edmund Becker & Co., 1902, unten die Junghanßstraße (seit 1928, vorher Hohe Straße), Blick in Richtung Osten.

Oben: Ansicht der Eisengießerei Edmund Becker & Co., 1914, Blick in Richtung Nordosten, im Vordergrund die Junghanßstraße, Ecke Rückmarsdorfer Straße. Bis auf die Fabrikanten-Villa und ein Fabrikgebäude (Rückmarsdorfer Straße 18) wurde die gesamte Fabrik bis 2004 abgebrochen. Es entstanden auf den freien Flächen u. a. die „Leutzsch-Arkaden“.

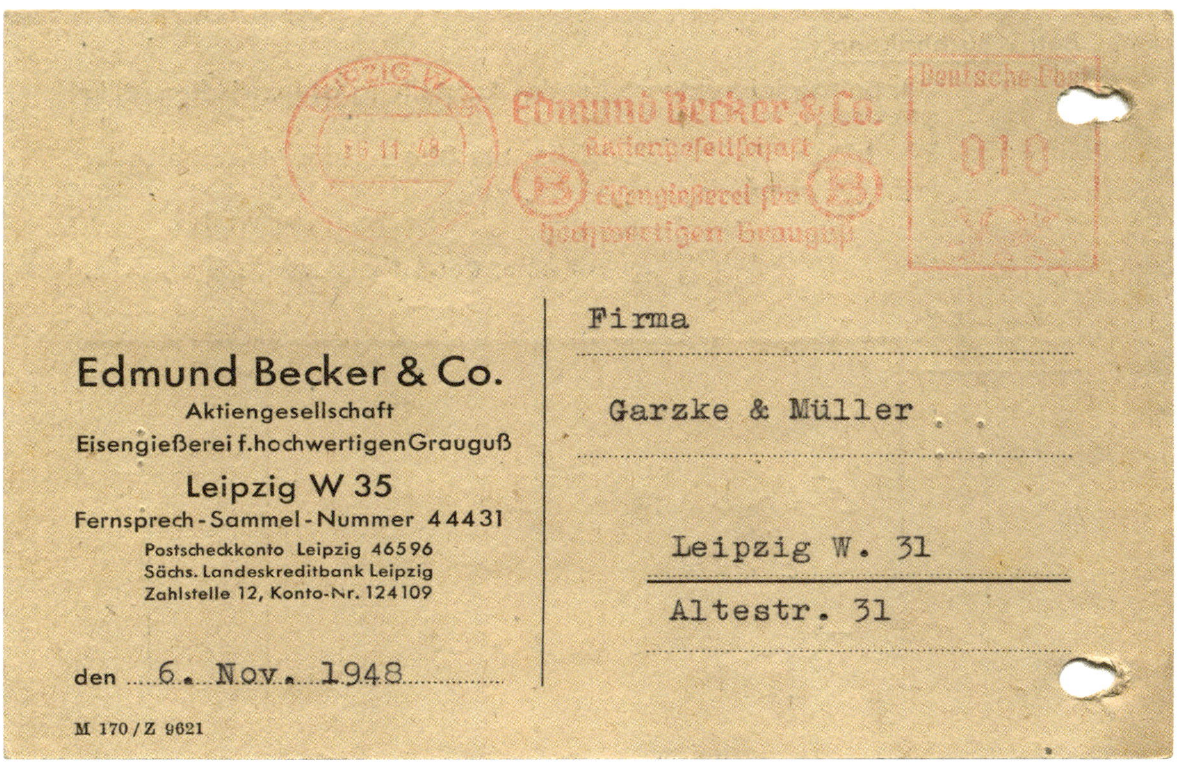

Leipzig W 35
16.11.48
Edmund Becker & Co.
Aktiengesellschaft
Eisengießerei für
hochwertigen Grauguß
Deutsche Post
010

Edmund Becker & Co.
Aktiengesellschaft
Eisengießerei f. hochwertigen Grauguß
Leipzig W 35
Fernsprech-Sammel-Nummer 44431
Postscheckkonto Leipzig 46596
Sächs. Landeskreditbank Leipzig
Zahlstelle 12, Konto-Nr. 124109

den 6. Nov. 1948

M 170 / Z 9621

Firma
Garzke & Müller
Leipzig W. 31
Altestr. 31

Drucksache der Edmund Becker & Co. AG, 1948.

Im Hof der Franz-Flemming-Straße 72 befand sich die Nährmittel-, Essenzen- und Senf-Fabrik M. Peukert GmbH. Eine Spezialität des Unternehmens war der Gloria-Tafel-Senf. Links eine Vertreterkarte, unten eine Bestellkarte, um 1930.

Briefkopf der Möbelfabrik Wagner & Zinkeisen, Franz-Flemming-Straße 11, um 1910.

Rechte Seite: Die Ludwig Hupfeld AG war eine Fabrik für selbstspielende Klaviere und Orchestrions. 1910/11 entstand für das seit 1892 bestehende Unternehmen nach Plänen des Leipziger Architekten Emil Franz Hänsel in der heutigen Ludwig-Hupfeld-Straße 16 (und somit in Böhlitz-Ehrenberg!) ein neues Fabrikgebäude mit ca. 100 000 m² Nutzfläche, in dem anfangs 1 200, einige Jahre später bis zu 2 000 Beschäftigte arbeiteten und Hupfeld damit zum weltweit größten Hersteller mechanischer Musikinstrumente machten. Die Karte erschien im Verlag W. Hundertmarck, Leutzsch, um 1912. Darunter zeigen Fotos Einblick in die Produktion Ende der 1920er Jahre, als das Unternehmen bereits unter Leipziger Pianoforte- & Phonola-Fabriken, Hupfeld – Gebr. Zimmermann AG firmierte.

Leipzig-Leutzsch.
Musikwerke Hupfeld
PHONOLA
HUPFELD

Rückmarsdorfer Straße 22 mit der Drahtheftmaschinenfabrik von Wilhelm Mallien (Nr. 22a, Gebäude dahinter) und dem Zugang zur Kleingartensparte „Schwylst“, um 1910.

Briefumschlag der Leipziger Flaschen-Verschlusswerk GmbH, Rückmarsdorfer Straße 22a – offenbar das Nachfolgeunternehmen der Drahtheftmaschinenfabrik von Wilhelm Mallien an dieser Adresse, um 1927.

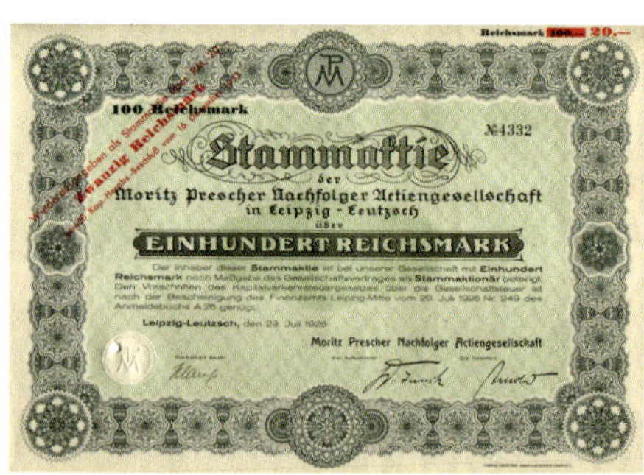


Stammaktie der Moritz Prescher Nachfolger AG (heute Am Ritterschlösschen 22), 1926, herabgesetzt 1933.
Die Aktie auf Wasserzeichenpapier mit sehr feiner Bordürenzeichnung wurde im eigenen Betrieb hergestellt.

Leipziger Schraubenfabrik Oscar Teichert, Franz-Flemming-Straße 23, 1910.

Buchdruckereimaschinenfabrik Kleim & Ungerer, Franz-Flemming-Straße 13, um 1910.

Ansicht der Pianoforte-Mechanik-Fabrik H. F. Flemming, Franz-Flemming-Straße 41, vom Gleisbogen aus gesehen, 1910.

Sägewerk der Julius Blüthner Pianofortefabrik, Franz-Flemming-Straße 39 (kleines Bild), 1910. Die Fabrik befand sich in der Westvorstadt an der Ecke Friedrich-Ebert-Straße/Käthe-Kollwitz-Straße.

# FLANIEREN, BADEN UND LOGIEREN AN UND IN DER AUE

Gefallene Große Eiche im Leutzscher Holz, 1923.

linke Seite: Große Eiche, oder Königseiche im Leutzscher Holz, um 1910.

Waldweg nach Leutzsch am Alleebrückchen, 1904 erschienen bei G. Friedrich, Leipzig.

Waldweg mit Blockhaus im Leutzscher Holz, um 1910.

Waldgaststätte „Zum wilden Mann", im Hintergrund der Bahnübergang im Leutzscher Holz, um 1914.

Waldgaststätte „Zum wilden Mann“, 1942, im Vordergrund die Bahnstrecke. Der Text auf der Anschriftseite lautet: „Inh.: L. Reiche, 5 Min. vom Bahnhof Leutzsch, Photogr. u. Verlag Friedrich W. Kastius Leipzig“.

Waldgaststätte „Zum wilden Mann“, 1948, Blick Richtung Bahngleise. Die Karte gab Johannes Rost, Leipzig, heraus. Ende der 1970er Jahre wurde das Lokal durch Brandstiftung zerstört, später entstand ein Spielplatz in der Nähe, der 2017 stillgelegt wurde.

„Waldhof" Leutzsch, Rathenaustraße 54. Die 1911 gelaufene Karte erschien im Verlag von Otto Lehmann, Böhlitz-Ehrenberg.

„Waldhof" Leutzsch, Eingang und Biergarten. Die 1906 gelaufene Karte gab der Verlag für moderne Reklame Hermann Kühnel, Dresden, heraus.

Waldhof-Teich, 1936

unten: Text auf der Anschriftseite der um 1935 herausgegebenen Karte: „Waldhof Leutzsch, Bes. W. Canitz, Große Spielwiesen, Säle und Gasträume verschiedener Größen, Luftbildverlag Ernst Assmus, Leipzig."

Text auf der 1936 gelaufenen Karte mit der Gaststube: „Waldhof Leipzig-Leutzsch, Inh. C. Vockeroth, Gr. staubfreier Garten / Kolonnaden / Vereinszimmer / Bundeskegelbahn / Endstation: Straßenbahn 17 u. 19 / Auto-Parkplätze, Graph. Kunstverlag Merkur, Carl Lukow, Leipzig."

Gaststätte Wartehalle. „Beliebtes Einkehrlokal an der Endstation der Gr. L. Straßenbahn Linie 17, direkt am Bahnhof Leutzsch. Herrlicher staubfreier Garten, Inh. J. Schmidt." Der Text auf der Anschriftseite ist überstempelt mit „Kantine Waldhof Leutzsch, Elise Schröter". Die Karte lief 1944.

„Gartenrestaurant zur Burgaue, Bes. E. Heinecke, Gegenüber Bahnhof Leutzsch, Großer schattiger Garten, Kinderbelustigung". Die Karte lief 1938.

unten: „Restaurant zur Burgaue", Luftbildverlag Ernst Assmus, Leipzig, um 1935.

In dem 1919 bis 1922 errichteten „Neuen Schützenhof“, Hans-Driesch-Straße 2b, entstand auch ein Gasthaus im Schweizerstil mit Gaststube und Saal.

unten: die Anlagen des „Neuen Schützenhofes“, Luftbildverlag Ernst Assmus, Leipzig, um 1935.

„Neuer Schützenhof“, Inhaber Karl Militzer. Die Karte lief 1931.

Tanzdiele im Außenbereich des „Neuen Schützenhofes“, Graf-Spee-Straße 2, Inhaber Otto Besser. Die Karte erschien bei Karl Fickenscher, Leipzig, und lief 1939.

Ob auch der 1. Leutzscher Mundharmonikaverein im „Neuen Schützenhof" Konzerte gab, ist nicht überliefert, aber sehr wahrscheinlich.

unten: Alleebrücke über die Kleine Luppe am „Neuen Schützenhof", um 1935.

Eingang zum „Neuen Schützenhof" („Die idyllische Waldgaststätte für jedermann") mit Ankündigung eines Militärkonzertes im Garten, um 1939.

Landauer Brücke über das Elsterbecken, um 1935. Die Brücke wurde 1913–1916 errichtet. Am 5. Juni 1916 erhielt sie den Namen Hindenburgbrücke (nach dem Generalfeldmarschall und Reichpräsidenten Paul von Hindenburg, 1847–1934). Am 29. Juli 1945 wurde sie nach dem Pazifisten und Anarchisten Gustav Landauer (1870–1919, von Freikorpssoldaten ermordet) umbenannt. „Photographie u. Verlag Malke & Co., Leipzig".

„Das gestohlene Haus an der Hindenburgbrücke zu Leipzig" war offenbar eine Baubaracke, die in den 1920er Jahren über Nacht restlos abgetragen wurde und den Zeitgenossen die Ausgabe einer Scherzkarte wert war.

Das Prießnitzbad war bis 1918 streng nach Geschlechtern getrennt. Der Blick fällt auf die größere Herrenabteilung, um 1913.

Prießnitzbad, um 1920.

Auf der Leutzscher Wolfswiese, im Kleingartenverein „Prießnitz-Morgenröte", entstand 1907/08 ein Licht-, Luft- und Sonnenbad des „Vereins für Volksaufklärung über Gesundheitspflege und arzneilose Heilweise", benannt nach dem Mitbegründer der Naturheilbewegung Vincenz Prießnitz (1799 bis 1851). 1912 wurde es um das **Prießnitzbad** mit Sprungturm, Rutsche und Planschbecken erweitert. Das Schwimmbecken war das erste gemauerte und beheizte Freischwimmbecken Deutschlands und bis 1918 mit einer verschiebbaren Trennwand streng nach Geschlechtern geteilt. Das Wasser aus eigenem Brunnen hatte wegen des hohen Kohlensäuregehalts Heilqualitäten. Der Badebetrieb wurde bis 1988 aufrechterhalten. 1998 folgten Abriss und die Einebnung des Geländes.

Alte Kantine im Gartenverein „Waldluft“ (heute Waldluft e.V.), Friesenstraße 90. Im September 1927 wurde das neue Vereinshaus eingeweiht (heute Gaststätte „Waldluft“). Die Karte erschien in der Graphischen Kunstanstalt Merkur, Leipzig.

Gruß aus dem 1901 gegründeten Kleingartenverein „Zur Aue“ (heute Leutzscher Aue e.V.), Vierackerwiesen 9. Die 1930 gelaufene Karte zeigt die Gartenkantine.

Wohnungsbau um 1930

Oben links: Blick in die Blüthnerstraße von der Ecke Heimteichstraße nach Norden; oben rechts: Blick in die Heimteichstraße von der Ecke Blüthnerstraße nach Norden; unten links: Blick in die Karl-Schurz-Straße von der Ecke Heimteichstraße nach Osten; unten rechts: Blick in die Karl-Schurz-Straße von der Ecke Heimteichstraße, im Hintergrund die Eisengießerei Max. Jahn an der Georg-Schwarz-Straße. Die Karte lief 1932 und erschien im Verlag Paul Pretzsch, Leipzig-Leutzsch.

linke Seite: Kommunaler Wohnungsbau an der Pfingstweide (links, 1925–1930 errichtet) und an der Heimteichstraße (rechts, 1927/28 errichtet). Die Karte lief 1932.

Kommunaler Wohnungsbau (1925–1930) an der Pfingstweide und Heimteichstraße (oben) und an der Heimteich- und Gaußstraße.

**Junkers-Luftbild-Karte, um 1932, Blick auf die 1925–1930 errichteten Quartiere der Städtischen Wohnanlage Hubert-Ritter-Siedlung um die Heimteichstraße.**

**Junkers-Luftbild-Karte, um 1932, links die heutige Georg-Schwarz-Straße, mittig die 1927 errichtete Wohnanlage der Gemeinnützigen Baugenossenschaft Leipzig-Lindenau, Blüthnerstraße 22–30 und Karl-Schurz-Straße 25–39.**

Technische Probleme der **Luftbildfotografie**, insbesondere hinsichtlich geeigneter Aufnahmegeräte, Entzerrung und Auswertung, ließen bis Anfang der 1920er kaum eine kommerzielle Anwendung zu. Am 27. Mai 1924 wurde die Junkers-Luftbildzentrale in Dessau gegründet und gehörte bald zu den wichtigsten Anbietern auf diesem Geschäftsfeld. Von 1928 bis 1932 hatte sie ihren Sitz im Flughafen-Verwaltungsgebäude in Leipzig-Mockau. Viele Ansichtskarten aus dieser Zeit tragen die Aufschrift „Junkers Luftbild". Es gründeten sich weitere auf Luftbilder spezialisierte Ansichtskartenverlage in Leipzig wie die Aero-Expreß-Luftbetriebs-Gesellschaft mbH auf dem Flugplatz Mockau oder der Luftbildverlag Ernst Assmus („Org. Fliegeraufnahme").

Der Ausschnitt aus dem „Plan von Leipzig" als Beilage zum Leipziger Adressbuch von 1930 verdeutlicht, dass Leutzsch nach seiner Eingemeindung 1922 noch nicht vollständig im Leipziger Stadtplanwerk angekommen bzw. dargestellt war. Der Plan hebt die neuen, Ende 1928 beschlossenen, Straßennamen (rot) ebenso hervor wie genehmigte (durchgehende rote Linien) und geplante (gestrichelte rote Linien) neue Straßen. Die wenigsten dieser Vorhaben wurden in den folgenden Jahren tatsächlich realisiert.

STRASSENKARTEN
UM 1938

Hans-Driesch-Straße mit Kirche, links (angeschnitten) das noch vorhandene Bauerngut, rechts die 1909 und 1911 errichteten Mietshäuser Hans-Driesch-Straße 36 und 38, um 1938.

linke Seite: Hans-Driesch-Straße, rechts das 1898 errichtete Postamt (Nr. 24, heute Wohnhaus), um 1938.

William-Zipperer-Straße, Ecke Am Tanzplan, rechts das 1922 errichtete Kirchgemeindehaus, um 1938.

Das flächendeckende Ablichten von Häusern bzw. Straßenzügen und das anschließende Veröffentlichen ist keine Erfindung heutiger Tage. In vielen Städten, so auch in Leipzig, erschien in den Jahren 1932 bis 1940 eine **Echtfoto-Ansichtskartenserie mit hunderten Straßenkarten.** Über die Fotografen oder den Verlag erfährt man in der Regel nichts – nicht ohne Grund, denn die Leistungen waren nicht gerade werbewirksam. Gegenlichtaufnahmen, „stürzende" Linien, extreme Verschattungen oder Schlechtwetteraufnahmen waren an der Tagesordnung und zeugen davon, dass es schnell gehen musste. Für Leutzsch lassen sich über 50 dieser Karten mit der für diese Reihe typischen kursiven Aufschrift nachweisen.

Die 1902 nach Plänen des Leipziger Architekten Julius Zeißig errichtete Mädler-Villa, Graf-Spee-Straße 2 (heute Hans-Driesch-Straße) diente in der zweiten Hälfte der 1930er Jahre dem Reichs-Arbeits-Dienst, in der DDR übernahm das Ministerium für Staatssicherheit das Objekt.

Hans-Driesch-Straße, Ecke Wohlgemuthstraße mit der 1929–1931 errichteten Wohnanlage Hans-Driesch-Straße 45–51/Benediktusstraße 2 und Wohlgemuthstraße 14, Blick in Richtung Rathaus, um 1938.

Hans-Driesch-Straße, Ecke Wohlgemuthstraße, Blick in Richtung Franz-Flemming-Straße, um 1938.

Hans-Driesch-Straße (damals Graf-Spee-Straße, rechts Nr. 61), Ecke Silcherstraße, Blick in Richtung Rathaus, um 1938.

Georg-Schwarz-Straße (1926–1933 Friedrich Ebert-Straße) mit Rathaus (angeschnitten) und Schule (rechts), um 1933.

Papierwarenhandlung A. Naumann, Sattelhofstraße 1, Ecke Friedrich-Ebert-Straße (Georg-Schwarz-Straße), um 1933.

Kaffeehaus W. Rausch (später Carola-Café), Schlageterstraße, heute Georg-Schwarz-Straße 134, um 1938.

Georg-Schwarz-Straße, rechts das 1929–1935 errichtete Doppelmietshaus Georg-Schwarz-Straße 132/132a, um 1938.

Georg-Schwarz-Straße, links der Abzweig der Landwaisenhausstraße mit dem Eckhaus Georg-Schwarz-Straße 114 (R. Wittmann Drogerie), um 1938.

Georg-Schwarz-Straße vor der Kreuzung Weinbergstraße, Blick auf das um 1900 errichtete Eckhaus Georg-Schwarz-Straße 122, um 1938.

Das Alter oder **Erscheinungsjahr einer Ansichtskarte** lässt sich nur mit Mühe exakt bestimmen. Kaum ein Verlag vermerkte es auf den Karten. Hinweise gibt es auf DDR-Druckerzeugnissen (ab 1951). Die vorgeschriebenen Druckgenehmigungsnummern enthielten auch das Genehmigungsjahr. Da die meisten überlieferten Karten verschickt worden waren oder wie der Sammler sagt, „gelaufen" sind, bieten Poststempel und Datumsangaben eine weitere, aber nicht zwingende Orientierung. Beschrieben werden durfte anfangs nur die Bildseite der Karten. Die Anschriftseite war für Marke, Stempel und Adresse bestimmt. Die Absenderinnen und Absender versuchten zwangsläufig, ein Mindestmaß an Informationen um und zwischen die Bilder zu schreiben.

Georg-Schwarz-Straße, Kreuzung Weinbergstraße, rechts das um 1895 errichtete Eckhaus Georg-Schwarz-Straße 120, um 1938.

Georg-Schwarz-Straße, Ecke Prießnitzstraße mit dem Eckhaus Georg-Schwarz-Straße 68 (Friedrich Wesche Tabakwaren), gelaufen 1940.

Ab 1. April 1905 wurde dann die geteilte Anschriftseite eingeführt. Briefliche Mitteilungen waren nun vor allem auf der linken Hälfte der Anschriftenseite vorgesehen. Die neue Unterteilung wurde 1906 durch den Postkongress in Rom weltweit zum 1. Oktober 1907 für alle Postkartenarten eingeführt. Auf der Ansichtsseite beschriebene Karten sind daher meist vor 1907 erschienen. Schließlich ist jedes Ansichtskartenmotiv ein Zeitdokument, das für sich spricht. Straßennamen, Bau- oder Abrissjahre von Häusern, Straßenbahnen und Automobile, Geschäftseröffnungen oder -schließungen, die Mode der Passanten und vieles mehr bieten Anhaltspunkte zur zeitlichen Einordnung des Kartenmotivs.

Georg-Schwarz-Straße, Ecke Landwaisenhausstraße, links die 1930 errichteten Mehrfamilienhäuser Georg-Schwarz-Straße 95–99, gelaufen 1939.

Landwaisenhausstraße, Blick in Richtung Georg-Schwarz-Straße, 1937.

Weinbergstraße, Blick aus Richtung William-Zipperer-Straße hinauf zur Georg-Schwarz-Straße, um 1938.

Weinbergstraße, Blick in Richtung Georg-Schwarz-Straße, links die 1939/40 errichteten Wohnhäuser Weinbergstraße 18–22, um 1941.

Lieferwagen der Wäscherei von H. Dallmann, Weinbergstraße 14 (Eckhaus zur Georg-Schwarz-Straße, siehe oben), im Wagen die Inhaber Willi und Else Dallmann, 1930.

Die 1938 errichteten Wohnblöcke Weinbergstraße 13–19, um 1940.

Blick von der Georg-Schwarz-Straße in die Sattelhofstraße, links das Eckhaus Sattelhofstraße 1, um 1938.

Sattelhofstraße, Blick in Richtung Georg-Schwarz-Straße, links das um 1905 errichtete Doppelmietshaus Sattelhofstraße 4/6, um 1938.

Sattelhofstraße, Blick in Richtung Franz-Flemming-Straße, links Sattelhofstraße 23, um 1933.

Benediktusstraße, Blick zur Weinbergstraße, links das 1908 errichtete Eckhaus Benediktusstraße 7, gelaufen 1940.

Benediktusstraße, Ecke Weinbergstraße, links Benediktusstraße 13, gelaufen 1941.

Sattelhofstraße 15–21, errichtet 1937, Ecke zur Silcherstraße, gelaufen 1940.

Sattelhofstraße 17–21, um 1940.

Am langen Felde, Blick zur Georg-Schwarz-Straße, links die 1930 errichtete kommunale Wohnanlage Am langen Felde 2–6, um 1938.

Am langen Felde 40a, um 1935.

William-Zipperer-Straße (damals Theodor-Fritzsch-Straße), Blick in Richtung Lindenau, links das um 1900 errichtete Eckhaus William-Zipperer-Straße 120a, um 1938.

William Zipperer Straße, Ecke Weinbergstraße, Blick in Richtung Lindenau, links das ehemalige Haus Nr. 132 (Tischlerei D. Könze), rechts das 1902 errichtete Eckhaus William-Zipperer-Straße 129 mit dem Lebensmittelladen von Oskar Rothe, gelaufen 1939.

Georg-Schwarz-Straße, Blick Richtung Rathaus, rechts die Hausnummern 123, 125 und 127, links (Haus mit Erker) die Georg-Schwarz-Straße 154, um 1938.

Georg-Schwarz-Straße (bis 1933 Friedrich-Ebert-Straße), Blick in Richtung Rathaus, rechts Georg-Schwarz-Straße 131 und 133/135 mit dem Papierwarenladen von William Hundertmarck, um 1933.

Georg-Schwarz-Straße, Ecke Bischofstraße mit dem um 1915 errichteten Eckhaus Georg-Schwarz-Straße 147, um 1926.

Alters- und Pflegeheim Rückmarsdorfer Straße 7, errichtet 1908 bis 1910, um 1938.

Georg-Schwarz-Straße, Blick stadteinwärts, rechts der Abzweig Franz-Flemming-Straße mit dem Gasthaus „Weststern", um 1938.

Blick in die Franz-Flemming-Straße von der Georg-Schwarz-Straße, rechts die Bogenlampen und Leuchtenfabrik Körting & Mathiesen; Franz-Flemming-Straße 41–43, um 1938.

Blick in die Blüthnerstraße von der Heimteichstraße aus. Die vom Papierwarenladen William Hundertmarck herausgegebene Karte lief 1933.

Blick von der Heimteichstraße in die Blüthnerstraße Richtung Georg-Schwarz-Straße, gelaufen 1935.

Blick in die Hellerstraße von der Karl-Schurz-Straße aus, links die Häuser der städtischen Wohnanlage Hellerstraße 19–27, um 1938.

Heimteichstraße mit den 1927 errichteten Häusern der Gemeinnützigen Baugenossenschaft Leipzig-Lindenau (Nrn. 25–33) und der Filiale der Verbrauchergenossenschaft Leipzig, Heimteichstraße 25, um 1935.

Rathenaustraße (1933–1945 Kapitän-Haun-Straße), um 1938.

Blick in die Pettenkoferstraße von der Straße Am Ritterschlösschen aus, um 1938.

Der 1937 errichtete Wohnblock des Bauvereins zur Beschaffung preiswerter Wohnungen Karl-Schurz-Straße 58–66 (damals König-Georg-Straße), rechts die Georg-Schwarz-Straße 204, um 1939.

Karl-Schurz-Straße, Ecke Laurentiusstraße, rechts die um 1930 errichtete Karl-Schurz-Straße 8, gelaufen 1939.

Graf-Spee-Straße, seit 1947 Hans-Driesch-Straße, um 1938.

Hans-Driesch-Straße in Richtung Leutzsch, um 1938.

**Das ehemalige Hermann-Göring-Heim der Hitlerjugend Leipzig, Hindenburgstraße 130 (Am Sportforum 10), um 1940.**

**Treppenaufgang zum Obergeschoss der Nordhalle des Hermann-Göring-Heims der Hitlerjugend Leipzig mit Karte „Großdeutschland 1939", gelaufen 1943.**

Das **Hermann-Göring-Heim der Hitlerjugend (HJ) Leipzig**, Am Sportforum 10, wurde 1937–1940 errichtet und diente im Zweiten Weltkrieg auch der Ausbildung von Militärfliegern. Den nicht mehr vorhandenen Holzturm über dem Haupteingang nutzten sie möglicherweise zum Fallschirmsprungtraining. Ab 1950 begann die Deutsche Hochschule für Körperkultur (DHfK) bis zur Fertigstellung der Hochschulgebäude an der Jahnallee hier ihren Lehrbetrieb und ergänzte das Ensemble um ein Hörsaalgebäude. Später nutzte der 1954 gegründete SC DHfK Teile als Wohnheim. Heute dienen die Räumlichkeiten und Sporthallen u. a. dem SC DHfK, dem Olympiastützpunkt Leipzig und dem Sportmuseum Leipzig mit einer der bedeutendsten sporthistorischen Sammlungen der Welt.

Im Zweiten Weltkrieg total zerstörte (blau) und schwer beschädigte (blau schraffierte) Gebäude in Leutzsch, aus: Leipzig. gestern-heute-morgen. Ein Atlas, 1946

WENIG AUSWAHL
IN DER DDR-ZEIT

Kirche mit Schmuckplatz, VEB Volkskunstverlag Reichenbach i.V., 1957.

linke Seite: „Laurentiuskirche, Chorturmanlage, mit dem 1961 restaurierten Altar. Die 1974 herausgegebene Karte erschien im Kirchlichen Kunstverlag G. Aurig, Dresden, die Aufnahme fertigte das PGH Fotostudio Leipzig an.

unten links: Laurentiuskirche, Altar, erschienen im Kunstverlag Hans C. Schmiedicke, 1954.

unten rechts: Aufzug des Gussstahlgeläuts der Fa. Schilling & Lattermann, Apolda, 1953.

Hans-Driesch-Straße, Blick in Richtung Rathaus und Kirche.
Die Karte erschien 1957 im VEB Volkskunstverlag Reichenbach i.V.

Konditorei und Kaffeehaus „Carola“, Inh. Albert Barsch, Konditormeister, Georg-Schwarz-Straße 134. Die Karte erschien um 1948.

Das Konsum-Café „Carola" empfahl sich als „gepflegte Gaststätte des Westens", Georg-Schwarz-Straße 134. Die Karte erschien 1959 im Heimat-Bild-Verlag „Fotoson", Leipzig.

Gastraum im Konsum-Café „Carola", Georg-Schwarz-Straße 134. Die Karte erschien 1959 im Heimat-Bild-Verlag „Fotoson", Leipzig.

Bis Ende der 1950er Jahre bestand ein buntes Nebeneinander von **Ansichtskartenverlagen in der DDR** – für Leutzscher Karten u. a. der Kirchliche Kunstverlag G. Aurig aus Dresden, der Kunstverlag Hans C. Schmiedicke und der Heimat-Bild-Verlag „Fotoson", beide aus Leipzig. Ab den 1960er Jahren konzentrierte sich die Kartenproduktion nur noch auf wenige Betriebe, unter denen der VEB Bild und Heimat Reichenbach eine herausragende Stellung bekam. Die Ansichtskarte war in der DDR auch wegen der nicht ausreichend vorhandenen Telefonanschlüsse das wichtigste postalische Kommunikationsmittel, noch vor der Briefsendung. Laut Statistischem Jahrbuch der Deutschen Post der DDR wurden 1960 273 Millionen und 1975 über 300 Millionen Postkarten verschickt.

Gruß aus Leipzig-Leutzsch

Der „Club der 100 zur Förderung des FC Sachsen 1990 e. V." gab 1999 diese Karte in Erinnerung an den DDR-Fußballmeister 1964 BSG Chemie Leipzig heraus. Sie zeigt die Meistermannschaft, den Meistertrainer Alfred Kunze (1909–1996) und die vom Bildhauer Günter Schumann Mitte der 1980er Jahre geschaffene und 1999 am Sportpark aufgestellte überlebensgroße Meistermannschaft aus Beton.

linke Seite: Gruß aus Leutzsch 1990, Blick zur Kirche; Rinckartstraße (Lindenau) William-Zipperer-Straße und Diakonissenhaus (Lindenau). Die Karte gab A. Krönert, Leipzig, heraus.

Leutzsch aus der Luft, Blick von Westen Richtung Lindenau, Fotografie Uwe Schossig, Verlag Strom & Strom GbR, Leipzig, um 1995.

**Wozu braucht man heute noch Ansichtskarten?** Fast jeder trägt ständig ein Telefon bei sich. Milliarden Menschen in nahezu allen Ländern der Welt kommunizieren täglich über E-Mails, SMS, WhatsApp und soziale Medien. Eine Ansichtskarte, deren Versand auch noch Geld kostet, passt nicht mehr in den Alltag. Allenfalls aus dem Urlaub schickt man sie noch als nostalgische Geste und authentischen Beleg der Anwesenheit. Dabei hätte Leutzsch mit seinem vielfältigen Ortsbild, bestehend aus Rathaus, Laurentiuskirche, gründerzeitlichen Mietshäusern, prächtigen Villen unterschiedlicher Zeitepochen, modernen Wohnbauten, dem angrenzenden Auwald oder dem Park Am Wasserschloss, auch heute einiges an Motiven zu bieten.

**Am langen Felde** benannt 1928 nach einem Flurstück in der Gemarkung Lindenau, zuvor Lindenstraße
**Am Sportpark** benannt 1965 nach dem heutigen Alfred-Kunze-Sportpark, zuvor Wiesenweg, unbebaut
**Am Ritterschlößchen** benannt 1929 nach dem Rittergut Barneck
**Am Tanzplan** benannt 1928 nach einer vermuteten vorchristlichen Kultstätte in Leutzsch, zuvor Kurze Straße, Dorfstraße
**Am Wasserschloss** benannt 1928 nach dem ehemaligen Gut Leutzsch, zuvor seit 1899 Poststraße, davor Turnerstraße
**An der Lehde** benannt 1928 nach einem Flurstück (unfruchtbares Land), zuvor seit 1903 Waldstraße
**An der Luppe** benannt nach dem Fluss (Alte) Luppe
**An der Streuobstwiese** benannt 1996
**Bauerngrabenstraße** benannt 1937 nach dem Bauerngraben zwischen Leutzsch und Böhlitz-Ehrenberg
**Baumgarten-Crusius-Straße** benannt 1928 nach Gottlob August Baumgarten-Crusius (1752–1816, Theologe und Förderer der Schulen in den Dörfern westlich von Leipzig), zuvor seit 1907 Bismarckstraße
**Benediktusstraße** benannt 1928 nach Benedictus Wiedemann (verkaufte mit seinem Bruder Wolf Wiedemann das Gut Leutzsch 1538 an die Stadt Leipzig), zuvor seit 1899 Turnerstraße
**Bischofstraße** benannt 1928 in Erinnerung an die Gründung des Bistums Merseburg im Jahre 968, zuvor Weststraße
**Blüthnerstraße** benannt 1999/2000 nach Julius Blüthner (1824–1910, Gründer der Königlich Sächsischen Hofpianofortefabrik, Blüthner-Flügel), zuvor seit 1928 Bienitzstraße, davor seit 1903 Carolastraße
**Brehmestraße** benannt 1928 nach Johann Brehme (erster ev. Pfarrer in Leutzsch von 1544 bis 1561), zuvor seit 1901 Karlstraße
**Ellernweg** benannt 1928 nach einem Flurstück (Erlengehölz), zuvor Leibnitzstraße
**Franz-Flemming-Straße** 1929 Benennung der gesamten Straße nach Hermann Franz Flemming (1848–1938, Gründer der Pianofortefabrik H. F. Flemming in Leutzsch), bis 1928 hieß ein Teil Eisenbahnstraße (seit 1904)
**Gaußstraße** benannt 1923 nach Carl Friedrich Gauß (1777–1855, Mathematiker, Astronom, Physiker)
**Georg-Schwarz-Straße** (in Leutzsch Nrn. 59–217 und 70–224) benannt 1945 nach Georg Schwarz (1896–1945, Politiker, als antifaschistischer Widerstandskämpfer hingerichtet, wohnte und wirkte in Leutzsch), zuvor seit 1933 Schlageterstraße (Albert Leo Schlageter, 1894–1923, Freikorpsmitglied, militanter Aktivist während der französisch-belgischen Ruhrbesetzung, von französischem Militärgericht wegen Spionage und Sprengstoffanschlägen hingerichtet) und seit 1926 nur in Leutzsch Friedrich-Ebert-Straße (Friedrich Ebert, 1871–1925, SPD-Vostitzender, erster Reichspräsident der Weimarer Republik), davor Hauptstraße und (ab Abzweig heutige Bischofstraße) Barnecker Straße
**Grabaustraße** benannt 1906 nach Andreas Hermann Grabau (1837–1922, Oberlehrer und nach 1877 Vorsitzender des Vorstandes des Landwaisenhauses in Leutzsch)
**Hans-Driesch-Straße** (in Leutzsch Nrn. 17–79, 2–54) benannt 1947 nach Hans Driesch (1867–1941, Philosoph, Begründer des Neovitalismus), zuvor seit 1934 Graf-Spee-Straße (Maximilian Johannes Maria Hubert Reichsgraf von Spee, 1861–1914, Vizeadmiral der deutschen Kaiserlichen Marine, fiel mit seinen beiden Söhnen auf dem Kreuzer „Scharnhorst“ im Seegefecht bei den Falklandinseln), davor in Leutzsch Leipziger Straße, davor Rathausstraße
**Hasenholzweg** benannt 1937 nach dem Forstrevier „Das Hasenholz“
**Heimteichstraße** benannt 1928 nach dem ehem. Heim- oder Hebenteich, zuvor Teichstraße
**Hellerstraße** benannt nach dem ehem. Hellerteich
**Heuweg** Zufahrtsweg zu den ehem. Bauernwiesen, unbebaut
**Junghanßstraße** benannt 1928 nach Abel Junghanß (erteilte den ersten Schulunterricht in Leutzsch), zuvor Hohe Straße
**Karl-Schurz-Straße** benannt 1947 nach Carl Schurz (1829–1906, deutsch-amerikanischer Politiker und Publizist), zuvor seit 1904 König-Georg-Straße, Georgstraße,
**Kietzstraße** benannt 1940 nach Ernst Theodor Oskar Kietz (1858–1931, letzter Bauer in Leutzsch)
**Landwaisenhausstraße** benannt 1928 nach dem 1856 in Leutzsch gegründetem Landwaisenhaus, zuvor Waisenhausstraße
**Laurentiusstraße** benannt 1928 nach der Laurentiuskirche Leutzsch (1397 erstmals erwähnt), zuvor Albertstraße
**Mathiesenstraße** benannt 1914 nach Wilhelm Mathiesen, (1859–1936, Industrieller und Teilhaber der Firma Körting und Mathiesen AG in Leutzsch)
**Otto-Schmiedt-Straße** benannt 1901 nach Otto Schmiedt (1833–1896, Besitzer des 1910 abgebrochenen Sattelhofes in Leutzsch), zeitweise Otto-Schmiedt-Straße und ein Teilstück Gartenstraße
**Paul-Langheinrich-Straße** benannt ca. 1910 nach Paul Langheinrich (gest. um 1910, Industrieller und Gründer der Firma Thurm & Wunder Nachf.)

**Paul-Michael-Straße** benannt 1968 nach Paul Michael (1867–1932, Dirigent, Chorleiter), zuvor Thorerstraße (Theodor Thorer, 1828–1894, Gründer der Rauchwarengroßhandlung Theodor Thorer auf dem Leipziger Brühl, gehörte zu den führenden Unternehmen der europäischen Pelzbranche, Thorer und Familienangehörige wohnten in Leutzscher Villen, u. a. in der Rathenaustraße 40)

**Pettenkoferstraße** benannt 1932 nach Max Josef von Pettenkofer, (1818–1901, Arzt, Experte für Stadthygiene, Erfinder der Schwemmkanalisation), liegt in Teilen auf der Flur Böhlitz-Ehrenberg

**Pfingstweide** benannt 1928 nach einem Flurstück, zuvor seit 1915 Bülowstraße

**Philipp-Reis-Straße** benannt 1923 nach Johann Philipp Reis (1834–1874, Physiker, konstruierte 1861 ein Gerät zur Übertragung von Tönen durch elektromagnetische Wellen)

**Prießnitzstraße** (in Leutzsch Nrn. 1, 22–44) benannt 1928 nach Vincenz Prießnitz (1790–1851, Naturarzt, Anwender von Kaltwassertherapien, nahegelegenes Prießnitzbad – Badebetrieb 1912–1988, Abriss 1998), zuvor Grenzstraße

**Pufendorfstraße** (in Leutzsch Nrn. 3–23, 4–14) benannt 1928 nach Samuel Freiherr von Pufendorf (1632–1694, Historiker, Natur- und Völkerrechtler), zuvor Querstraße einschl. Wasserturmplatz

**Rathenaustraße** benannt 1925 nach Walter Rathenau (1867–1922, Industrieller, Schriftsteller, Politiker, Reichsaußenminister, fiel einem Attentat von Nationalisten zum Opfer), zwischenzeitl. 1933–1945 Kapitän-Haun-Straße bzw. Haunstraße (Johannes „Hans" Siegfried Haun, 1871–1914, Offizier der deutschen Kaiserlichen Marine, fiel als Kommandant des Kleinen Kreuzers „Leipzig" im Seegefecht bei den Falklandinseln), zuvor Bahnhofstraße und Wahrener Weg

**Rietzschelstraße** benannt 1909 nach Ernst Rietschel (1802–1861, Bildhauer), in Leutzsch unbebaut

**Rosenmüllerstraße** benannt 1928 nach Johann Georg Rosenmüller (1736–1815, Superintendent der Diözese Leipzig, Pfarrer an der Thomaskirche), zuvor Rosenmüllerstraße und als Teilstück seit 1900 Feldstraße

**Rückmarsdorfer Straße** benannt 1928 nach dem Ortsteil Rückmarsdorf, zuvor Schönauer Straße

**Sattelhofstraße** benannt 1928 nach dem 1910 abgebrochenen Sattelhof in Leutzsch, zuvor seit 1899 Schulstraße

**Schützstraße** benannt 1909 nach Friedrich August Schütz (1816–1890, Pfarrer von Leutzsch, Lindenau und Schönau)

**Schwylststraße** benannt 1902 nach dem ehemaligen Schwylstteich

**Silcherstraße** benannt 1935 nach Friedrich Silcher (1789–1860, Komponist, Begründer der ersten deutschen Männergesangsvereine)

**Vierackerwiesen** bis 1992 Vierackerwiese, benannt nach einem Flurstück

**Weinbergstraße** benannt 1902 nach einem Flurstück, zuvor Mittelstraße

**William-Zipperer-Straße** (in Leutzsch Nrn. 83–159, 90–156) benannt 1945 nach William Zipperer (1884–1945, Politiker als antifaschistischer Widerstandskämpfer hingerichtet, wohnte in Lindenau), zuvor ab Mai 1945 Karl-Goerdeler-Straße (Carl Friedrich Goerdeler, 1884–1945, Jurist, Politiker, Leipziger Oberbürgermeister, gehörte zu den führenden Widerstandskämpfern gegen das Hitler-Regime, sollte nach einem Erfolg des Attentats vom 20.7.1944 auf Adolf Hitler Reichskanzler werden, wurde hingerichtet), zuvor seit 1935 Theodor-Fritzsch-Straße (Theodor Fritzsch, 1853–1933, völkisch-antisemitischer Publizist, Verleger und Politiker, gilt als ein geistiger Wegbereiter des Nationalsozialismus), davor in Leutzsch Lindenauer Straße, Schulgasse bzw. Kirchstraße (Nr. 79–159 und 84–156, bis 1945)

**Wohlgemuthstraße** benannt 1939 nach Gustav Wohlgemuth (1863–1937, Volksschullehrer, Chorleiter), zuvor Pufendorfstraße (westlicher Teil)

**Zum Harfenacker** benannt 1928 nach einem Flurstück, zuvor seit 1901 Auenstraße

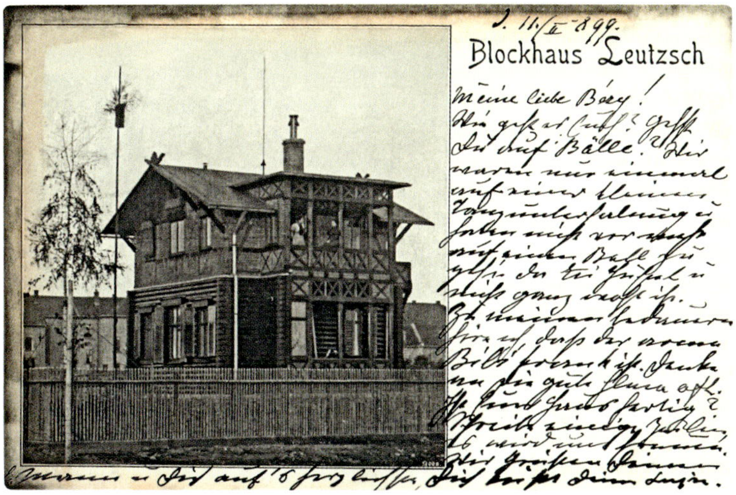


**Für nahezu alle Ansichtskarten im Buch konnten die abgebildeten Örtlichkeiten beschrieben werden. Wo das Blockhaus Leutzsch stand, wie es die 1899 gelaufene Karte zeigt, konnte leider nicht ermittelt werden.**

Wir bedanken uns herzlich bei den Inserenten und Spendern.
Ihre Mitwirkung half bei der Herausgabe des Buches.

**Neu-erscheinung, auch mit reichlich Leutzscher Geschichte**

Michael Liebmann
■ **Wasser, Wald und Menschen**
Zur Geschichte der Leipziger Elster-Luppe-Aue
Herausgegeben vom Pro Leipzig e.V.
416 Seiten mit ca. 400 Abbildungen,
Festeinband, Format 22 x 28 cm, Leipzig 2023
ISBN 978-3-949586-02-6 36,00 €

Die Elster-Luppe-Aue ist ein Juwel der Natur aus Wasser, Wald und Wiesen mit einer einzigartigen Flora und Fauna. Sie erstreckt sich nordwestlich des Leipziger Stadtzentrums weit über die Stadtgrenzen hinaus bis zur Saale. Seit der Mensch an den Rändern der Aue zu siedeln begann, beeinflusst und verändert er diesen Naturraum. Auf Jahrtausende des Sammelns und Jagens folgten im Mittelalter größere Eingriffe, wie der Bau von Mühlgräben oder umfassende Holzeinschläge. Mit den Flussregulierungen und Eindeichungen des 19. und 20. Jahrhunderts versuchte sich der Mensch Raum und Sicherheit zu verschaffen, verursachte jedoch mit jedem Projekt neue Probleme und nahm der Aue Schritt für Schritt Leben. Basierend auf einer breiten Quellenbasis und reich illustriert, stellt der Autor erstmals umfassend die Geschichte des zunehmend gefährdeten Naturjuwels dar.

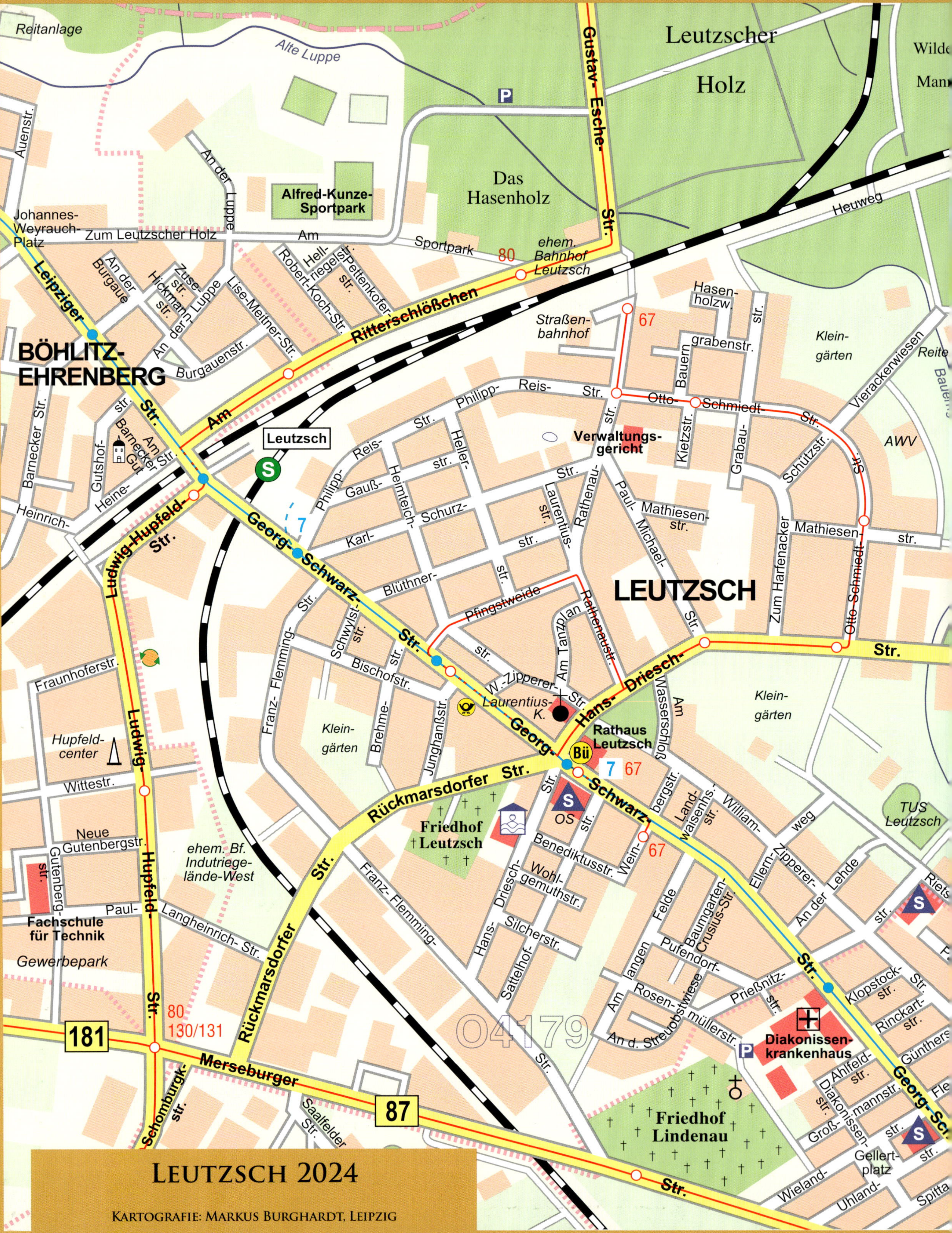


# Leutzsch 2024

Kartografie: Markus Burghardt, Leipzig